AF452699

226983

EXTRAIT

D'UN OUVRAGE SOUS PRESSE INTITULÉ

NOTIONS

SUR

LES PLACEMENTS IMMOBILIERS

PARIS — TYPOGRAPHIE MORRIS ET Cie
Rue Amelot, 64.

EXTRAIT

D'UN OUVRAGE SOUS PRESSE INTITULÉ

NOTIONS

SUR LES

PLACEMENTS IMMOBILIERS

Dont les 164 premières pages ont été déjà publiées dans

LA REVUE MUNICIPALE

DU 1er NOVEMBRE 1862 AU 28 FÉVRIER 1862

Époque où cette Revue a cessé de paraître

PARIS

TYPOGRAPHIE MORRIS ET COMPAGNIE

RUE AMELOT, 64

——

1862

D'un Ouvrage sous presse intitulé

NOTIONS SUR LES PLACEMENTS IMMOBILIERS

Dont les 164 premières pages ont déjà paru dans *la Revue Municipale*

(CH. XI. § II. 2ᵉ SECTION)

———

7ᵉ SUBDIVISION. — Constructions existant sur le terrain à acquérir..

1ʳᵉ CLASSE. — Si le terrain a plus d'importance que les constructions.

Il n'est pas rare de rencontrer, dans les rues de Paris, des *terrains* plantés d'arbres de *haute futaie*, se promenant comme en tilbury ; nous avons vu l'obélisque de Louqsor et la colonne de la place du Châtelet se livrer à des pérégrinations assez longues, et les journaux racontaient dernièrement le voyage fait en Amérique par une maison toute garnie de ses locataires : ne désespérons pas de voir bientôt, avec le progrès des arts et des expropriations pour cause d'utilité publique, se réaliser le projet de construire des maisons qui feront partie de votre mobilier, et qui seront à l'abri des hypothèques et de la contribution foncière, puisqu'elles reposeront sur des cylindres en fonte et pourront se transporter, à petites journées, d'un terrain dans un autre comme un énorme bloc de pierre, au moyen de rails, de pinces, de crics, de cabestans et même au besoin de machines à vapeur, ou de presses hydrauliques, après un simple emballage de précaution, pour échapper aux rigueurs du jury d'expropriation et au *marteau des démolisseurs*. Mais, en attendant que ce nouveau mode de construction soit généralement adopté, et que M. le Préfet de Police ait rendu une ordonnance pour réglementer le transport de cette nouvelle espèce de *colis,* nous sommes autorisé à prétendre que toute maison suppose un terrain, et que, pour rendre le terrain libre afin d'y élever un autre bâtiment, il faut commencer par démolir l'ancien, qui n'a plus que la valeur de matériaux de démoliton, c'est-à-dire la moitié, tout au plus, du prix de ces mêmes matériaux s'ils étaient neufs, et déduction faite des déchets, et des frais de démolition et de transport.

On opérera donc avec soin le métrage des murs, planchers, combles, boiseries, etc., et l'on arrivera à la fixation de la *plus-value* que peut produire la vente des matériaux provenant des constructions s'il en existe sur le terrain.... OBSERVATION.

2ᵉ CLASSE. — Si les constructions ont plus d'importance que le terrain.

Mais si les constructions existantes ont plus d'importance que le terrain lui-même, ce ne sera pas un *terrain* qu'on se proposera d'acheter, mais bien une *maison* dont l'estimation sera plus élevée que dans l'hypothèse précédente, puisque nous supposons ici qu'on pourrait conserver le bâtiment pour l'habiter.

Voulant nous renfermer dans le cadre qui nous est tracé, nous remettrons l'examen de cette question à la seconde partie du présent ouvrage, au chapitre où nous nous occuperons de la valeur des bâtiments déjà construits .... OBSERVATION.

3ᵉ CLASSE. — Constructions et fonds de terre en dépendant, formant une seule et même propriété.

1ᵉʳ GENRE. — Équilibre existant entre l'importance des bâtiments et celle des fonds de terre.

Il est une considération qui intéresse beaucoup l'art de l'architecture, sans être tout à fait de son domaine, et qui ne peut rester étrangère aux notions sur les placements immobiliers, puisqu'elle a une grande influence dans l'évaluation des propriétés bâties : c'est la proportion juste, ou la disproportion entre l'importance de l'édifice et l'étendue du terrain qui lui est consacré. Si cette juste proportion a été heureusement trouvée par l'architecte, et s'il s'y est conformé dans sa construction, l'immeuble réunira les conditions normales : et en estimant séparément soit le terrain, soit les bâtiments à leurs justes valeurs distinctes, la réunion de ces deux estimations donnera une équitable évaluation de l'immeuble ; c'est ce que nous appelons le........................... PRIX DE BASE.

2ᵉ GENRE. — Disproportion entre l'importance des bâtiments et celle des fonds de terre.

Mais si, au lieu d'observer cet équilibre entre l'étendue du terrain et l'importance des constructions que cette étendue peut comporter, eu égard à la situation et à l'éloignement de la propriété, on élève un bâtiment trop petit pour un grand terrain, évidemment on aura négligé de tirer tout le parti possible de la terre et il en résultera une dépréciation pour le sol, c'est-à-dire une *moins-value*.

Et, en sens inverse, si l'on a élevé des constructions trop considérables comparativement à la petite surface de terre dont on peut disposer, alors on manquera d'air, de jour, de soleil, de vue ; ou bien les abords, les accessoires, les dépendances ne présenteront pas les développements qu'exige le service d'une grande maison ; ou bien les jardins seront trop restreints. les promenades trop écourtées ; ou bien on n'y trouvera pas ces grandes cours d'honneur, avec de larges et longues avenues pour accéder à l'hôtel ; ou bien encore en dehors des grandes villes, on sera privé de ces vastes espaces distribués en fairevaloir, terres pour la chasse, longues allées pour la promenade, conditions indispensables pour la vie de château, et en un mot on n'aura pas cette étendue de terre, de prés, de bois, de vergers, de vignes, que les habitants des campagnes estiment à un prix bien supérieur à celui des plus beaux bâtiments, et qui n'est point étrangère à la considération qu'ils ont pour le propriétaire du château. ainsi qu'au degré d'influence qu'ils lui accordent. Cette grande construction se trouvant, en quelque sorte, déplacée dans ce petit espace, éprouvera une *moins-value*, et l'estimation totale de la propriété sera inférieure à la réunion des deux éléments dont elle se compose : le prix de revient du sol et le prix de revient des bâtiments.

Mais dans quelles proportions ces *moins-values* peuvent-elles se traduire en chiffres? Sur quelles bases sérieuses et fixes peut-on s'appuyer pour les calculer? A quels principes faut-il se rattacher pour définir et préciser la juste proportion entre la terre et les bâtiments? Quel rapport convient-il d'établir entre l'écart de ces deux termes et la moins-value qui en résulte? — C'est ce qui va faire l'objet de notre étude.

S'il s'agissait d'une ferme ou métairie, ce serait une question d'agriculture, déjà résolue dans les traités spéciaux relatifs à cet art; nous pourrions même dire à cette science; car on sait combien il faut de charrues pour cultiver cent hectares de terre et combien de places de chevaux ou de bœufs sont nécessaires dans les écuries ou les étables pour y loger les attelages de ces charrues; on n'ignore pas combien de moutons peuvent être nourris sur la même étendue de terre, et quelle surface doivent occuper les bergeries où ces troupeaux se réfugieront pendant l'hiver : le calcul de l'étendue des greniers et des granges nécessaires pour renfermer les récoltes est facile à faire, et la réunion de ces éléments fournira bien vite le nombre de mètres de bâtiments d'exploitation que cent hectares de terre rendraient nécessaires pour faire une bonne culture.

Mais comme nous ne nous occupons pas ici exclusivement d'une terre de produit, et que nous devons aussi faire entrer en ligne de compte la partie consacrée à l'agrément et les bâtiments principalement destinés à l'habitation, et que nous appliquons ces études aux maisons de ville aussi bien qu'aux maisons de campagne et aux châteaux, nous devons recourir à d'autres modes d'évaluation. Commençons d'abord par les bâtiments situés en ville.

1ᵉʳ ARGUMENT. — *Influence de l'éloignement progressif de la Capitale, et de la proximité des principales villes de province.*

Dans les grands centres de population et spécialement dans Paris, le mode de construction et la destination des maisons en hôtels, varient suivant l'éloignement du centre, c'est ainsi que, dans la figure centrale (nᵒ 1), on peut très-bien bâtir des maisons sans cour, et en tirer un revenu d'autant plus élevé qu'il y aura moins de terrain non utilisé et non productif. Si nous nous éloignons du centre, de cinq cents mètres en cinq cents mètres, c'est-à-dire de zone en zone concentrique, on verra ménager d'abord une petite cour, ensuite une plus grande, puis un petit jardin, puis encore un plus grand jardin. La même progression se continuera hors des villes, mais avec un plus grand écart, de telle sorte qu'au lieu de marquer les degrés par des zones d'un demi-kilomètre de section, il faudra calculer l'accroissement de terrain d'abord de kilom. en kilom., ensuite de myriamètre en myriamètre, et même de dix myriamètres en dix myriamètres : en s'éloignant ainsi de la capitale, les fonds de terre devront être assez étendus pour fournir successivement des emplacements destinés à une cour d'honneur, à une cour des communs et à une basse-cour, à une avenue conduisant de la route publique à la cour d'honneur, à des potagers, à des jardins fleuristes, à des couches, à des serres, à des orangeries, à des vergers, à des pacages, à des vignes, à des bois taillis et à de haute futaie; à des parcs, des jardins anglais, des terrasses, des terres labourables et des prés ; en un mot, à toutes les dépendances qu'exige, suivant la localité, le service des chevaux, des voitures, des animaux de basse-cour, la récolte et la conservation des céréales, de légumes et de fruits, et toutes les dépendances d'une petite ou d'une grande maison.

Si nous voulions opérer avec une rigoureuse exactitude, il faudrait prendre pour terme de comparaison un bâtiment de

100 mètres, par exemple, de surface, considéré comme unité ;
sa multiplication ou sa division pourrait correspondre aux habitations de toute nature, quelle que fût leur étendue, puisque
la surface de la terre se multiplierait ou se diviserait dans la
même proportion que l'unité de 100 mètres que nous aurions
adoptée. Mais un pareil calcul serait mieux placé dans la partie
de cet ouvrage qui traitera spécialement des constructions.

Ici, nous nous bornerons à prendre pour *unité* l'habitation
nécessaire à une famille, composée ordinairement de quatre
personnes, plus les domestiques, et nous aurons ainsi un
terme de comparaison avec la population.

De même que l'influence de la proximité ou de l'éloignement
du centre des affaires, dans la ville de Paris, se fait sentir jusqu'aux fortifications, pareillement la proximité ou l'éloignement
de Paris exerce une influence proportionnelle jusqu'aux fron-
tières de France. Mais, plus on s'éloigne de Paris, plus on se
rapproche d'autres centres de population qui, à leur tour, viennent exercer, quoique dans de bien plus faibles proportions que
la capitale, une certaine influence de proximité ou d'éloignement, de même nature que la première, mais d'une moindre
intensité, car ces influences s'exercent proportionnellement à la
population de chacun de ces centres d'habitation. Plus vous
vous éloignez de Paris, plus vous désirez et plus vous pouvez
vous procurer facilement de vastes espaces; mais en même
temps, plus vous vous rapprochez des grandes villes de province, telles que Lyon, Bordeaux, Rouen, Lille ou Strasbourg,
cette proximité de second ordre, en rendant le terrain un peu
plus rare et en vous offrant certaines ressources qu'on rencontre dans une grande ville, vient atténuer, jusqu'à un certain point, le besoin de plus vastes dépendances que fait naître
l'éloignement de la capitale. Il y a donc à consulter deux forces
d'attraction d'inégale puissance et agissant en sens opposé.

2ᵉ ARGUMENT. — *Influence de la densité de population.*

Chaque parcelle de terre appartient en France à une commune et, comme la population des communes offre de grandes différences entre elles, le chiffre de la population communale doit être un des coefficients de nos calculs d'évaluation ; comparant ensuite la population communale avec l'étendue du territoire de la commune, nous en déduirons un rapport de *densité* reposant sur des données fixes, incontestables et à l'abri des appréciations arbitraires. En comparant ce rapport de la population et du territoire communal avec la proportion existante entre l'étendue de la propriété et le nombre d'habitants que peuvent loger ses bâtiments, nous saurons si cette proportion est supérieure ou inférieure à celle de la densité de la population communale.

3ᵉ ARGUMENT. — *Proportion entre le territoire et sa population.*

Nous ne reproduirons pas ici des détails statistiques consignés dans tous les annuaires et dans tous les ouvrages qui traitent de la géographie, mais nous grouperons seulement quelques-uns de ces éléments, pour en tirer la loi de densité de population nécessaire à nos calculs.

Sous la première république, à la fin du dernier siècle, à l'époque où le territoire de la France n'était pas encore agrandi par les pays conquis, et où l'on ne comptait que 84 départements, parce que celui de Tarn-et-Garonne n'avait pas encore été formé aux dépens de ceux qui l'environnent, on évaluait ainsi qu'il suit la superficie du territoire continental de la France et sa population :

	Surface en hectares.	Population.
En 1799....................	52,517,726	27,557,028

La densité de population pouvait alors s'exprimer par le terme de : 1 habitant pour 1 hectare, 90 ares, 57 centiares.

Au 1ᵉʳ janvier 1834, nous trouvons une légère différence de territoire et une augmentation de population de près d'un cinquième en un tiers de siècle (pour 86 départements, en y comprenant la Corse)   53,333,100   32,746,946

Ce qui nous donne : 1 habitant pour 1 h. 62 a. 86 c.

Au 1ᵉʳ janvier 1856, avant l'annexion de Nice et de la Savoie, on trouve (pour 86 départements, en y comprenant la Corse)..........   53,369,613   36,006,444

D'où il résulte la proportion de 1 habitant pour 1 hectare, 48 ares, 22 centiares.

Le dernier dénombrement fait en 1861 et publié par décret du 11 janvier 1862, présente une nouvelle augmentation dans le chiffre de la population, indépendamment de celle résultant de l'annexion de Nice et de la Savoie, répartie sur trois départements de la manière suivante :

Les Alpes-Maritimes....... 194,578
La Savoie................. 275,039   } 737,113 habitants.
La Haute-Savoie.......... 267,496

Les 86 anciens départements représentent 36,645,112 habitants.

____

Total égal au nouveau dénombrement.. 37,382,225 habitants.

Il y a eu sur l'ancien territoire une augmentation de population de 638,660 pendant les cinq dernières années, et la densité de population sur l'ancien territoire se trouve réduite, par terme moyen, à 1 habitant pour 1 hectare, 18 ares, 08 cent.

Cette moyenne générale doit se modifier suivant chaque localité : dans les villes il diminue beaucoup, tandis qu'il s'augmente dans les communes rurales. C'est ainsi qu'à Paris, dont la population est d'environ 1,700,000 habitants, pour un territoire d'environ 7,800 hectares, chaque habitant n'a en moyenne que 0 hectare 00 ares 45 centiares de terrain.

Dans le centre de la France, tel département ayant un territoire de 611,369 hectares, et une population de 323,572 habitants, chaque habitant a en moyenne 1 hectare 88 ares 94 cent. de surface.

Dans telle ville, chef-lieu de département dont le territoire est de 1,076 hectares, et la population d'environ 45,000 habitants, chacun d'eux n'a que 0 hectare 02 ares 39 centiares. Dans telle commune située à 6 kilomètres du chef-lieu du département et dont le territoire est de 1,600 hectares pour une population de 1,200 habitants, la moyenne remonte, et chaque habitant a 1 hectare 23 ares 07 centiares de surface par terme moyen.

Si, dans cette même commune, on avait annoncé qu'une propriété bâtie peut contenir trois familles, en se bornant à considérer chaque famille comme composée du nombre ordinaire de quatre individus, sans y comprendre les domestiques, on trouverait, pour cette propriété, une population de douze personnes dont chacune devrait avoir 1 hectare 23 ares 07 centiares, de même que les autres habitants de la commune, ce qui, pour les douze personnes, composant les trois familles, produirait un minimum de 14 hectares 76 ares 84 centiares, compensation faite entre les plus riches et les plus pauvres habitants du pays. Si l'on ajoute deux domestiques par famille, ou six domestiques pour les douze personnes, cela porterait la population de cette propriété à dix-huit personnes et exigerait une superficie d'au moins 22 hectares 15 ares 26 centiares, pour se trouver dans les même conditions que celles des autres habitants du bourg dont nous parlons. Mais il y a lieu de faire, à ce sujet, une distinction entre les divers genres de population pour lesquels les constructions sont élevées et les dépendances agencées. C'est ce que nous allons essayer d'entreprendre.

4ᵉ Argument. — *Distinction entre les diverses catégories d'ha-tations auxquelles les propriétés sont destinées.*

I. La catégorie la plus nombreuse des habitants est celle qu'on appelait jadis les *prolétaires*, qui ne possèdent aucun fonds de terre, mais qui habitent la terre d'autrui, comme *lo-cataires* ou comme *domestiques*. Ces derniers doivent être comptés dans la famille et ne peuvent faire l'objet d'une catégorie séparée : quant aux premiers, ne devant pas posséder de bien-fonds, ils peuvent être passés sous silence quand il s'agit d'acquérir une propriété.

II. Vient ensuite la catégorie des *cultivateurs* et nous avons déjà fait remarquer que les traités spéciaux d'agriculture contiennent, sur le sujet qui nous occupe. de longs développements, que nous ne pourrions reproduire ici, et nous nous bornons à y renvoyer le lecteur.

III. Nous avons aussi parlé des diverses *propriétés d'agrément*, et nous avons donné, en abrégé. la nomenclature des dépendances qu'on désire y trouver. Parmi ces nombreuses habitations de campagne, il est une espèce qui nous paraît devoir composer une catégorie distincte : ce sont les *châteaux*.

IV. Avant tout, *qu'est-ce qu'un château ?*

Sans discuter l'étymologie de l'ancien mot *castel*, qu'on fait venir de *castellum*, diminutif de *castrum*, camp, nous reconnaîtrons, avec les dictionnaires, que l'expression *château* a plusieurs acceptions : autrefois c'était une forteresse environnée de fossés et de gros murs, flanqués de tours ou de bastions; on appliqua ensuite cette dénomination aux habitations seigneuriales, et aujourd'hui qu'il n'y a plus de seigneurs féodaux en France, on appelle château, par extension, *toute maison de plaisance vaste et magnifique.* Déjà, du temps de Voltaire, c'était un ridicule que d'attribuer le titre pompeux de château à un monument de médiocre importance, et dans son roman de *Candide*, il dit que « M. le baron de Tunder-ten-tronckh » était un des plus puissants seigneurs de Westphalie, car *son* » *château* avait une porte et des fenêtres » par exception à la règle admise dans cette contrée, probablement pour échapper à l'impôt des portes et fenêtres. Mais nous ne sommes point en Westphalie, pays plus célèbre pour ses jambons et ses traités que par ses châteaux. Nous devons nous préoccuper des habitudes françaises, et nous discuterons maintenant cette autre question : *Quelle proportion doit exister entre l'importance des constructions composant un château et l'étendue des domaines qui y sont nécessairement annexés ?*

Nous chercherons la solution de ce problème dans des éléments appartenant à deux ordres d'idées, la *théorie* et la *pratique*, la *doctrine* et les *faits accomplis.*

5ᵉ Argument. — *Bases théoriques du rapport entre l'étendue du domaine et les bâtiments d'habitation.*

En *théorie*, quel rapport doit exister entre la maison d'habitation, le logement proprement dit et le domaine productif ? N'est-ce pas le même que celui placé par la nature entre l'enfant à la mamelle et sa nourrice ? Le domaine doit évidemment fournir les revenus nécessaires pour faire vivre les habitants du château et l'importance des bâtiments doit être proportionnée à celle du domaine, aux produits du faire-valoir et au fermage des terres amodiées. Voilà bien la règle générale indiquée par la nature : tirons-en maintenant les conséquences rigoureuses.

Pour y parvenir, nous aurons d'abord à évaluer le *revenu moyen* d'un *hectare* de terre de toute nature, et la dépense de *construction* d'un *mètre superficiel* de bâtiment, qualifié château. Comparant ensuite le revenu du domaine avec la dépense occasionnée par la construction du manoir, nous en déduirons la formule indiquant le rapport qui doit exister entre l'importance de l'un et celle de l'autre.

Supposons que le revenu moyen annuel d'un hectare soit pour les meilleurs fonds de 100 fr., pour ceux de médiocre qualité de 60 fr. et pour les pires de 20 fr., nous arrivons à une moyenne générale de 60 fr. par hectare.

Admettons que les bâtiments des châteaux se composent ordinairement de trois catégories : l'habitation principale; les communs; les écuries, remises et dépendances ; que les premiers soient élevés, en général, de rez-de-chaussée, premier étage et mansardes; les seconds de rez-de-chaussée et greniers, et les troisièmes de rez-de-chaussée seulement; que chacune de ces trois catégories occupe un espace à peu près pareil et que la valeur du mètre superficiel de construction neuve soit de 150 fr., 70 fr. et 50 fr., il en résultera une moyenne de 90 fr. par mètre superficiel de construction. Nous n'entendons pas garantir l'exactitude de ce chiffre, qu'on pourra augmenter ou diminuer suivant les circonstances, mais nous le prenons parce qu'il en faut un pour nos calculs. Si, au lieu de bâtir, on employait ces 90 fr. à acheter de la terre rapportant une moyenne de 3 p. 100, ce capital de 90 fr. produirait 2 fr. 70 c. de revenu, dont on s'est privé en construisant un mètre superficiel de bâtiments. Il faut y ajouter les impôts, assurance, frais d'entretien, réparations et dépréciation des bâtiments qu'on ne peut pas évaluer à moins de 60 c. par an. La réunion de ces deux sommes représente un loyer annuel de 3 fr. 30 c. par mètre carré supperficiel de bâtiments d'habitation, non compris ceux d'exploitation, dont nous ne parlons pas ici.

Maintenant, si nous nous reportons aux anciennes traditions de la vie de château, les lettres de madame de Sévigné nous apprennent que, dans un budget bien ordonné, à l'usage des familles châtelaines, on ne doit consacrer que le *dixième* de son revenu à la dépense de son logement, et que les neuf autres dixièmes doivent être employés à subvenir à toutes les autres dépenses d'habitation, de mobilier, de service, de table, d'équipages, d'entretien, de toilette, de santé et d'éducation des enfants.

Il résulte de ces diverses données que, pour chaque hectare productif, rapportant en moyenne un revenu de 60 fr., on ne doit pas consacrer à l'habitation plus de 6 fr. par année, et, comme nous venons de voir qu'un mètre superficiel de construction coûte annuellement et en moyenne 3 fr. 30 c., ce crédit annuel de 6 fr. ne permet d'avoir que 1 m. 81 ⁸/₁₀ superficiels de bâtiments d'habitation pour chaque hectare de fonds productifs.

Mais, comme les conditions de la vie sont modifiées depuis l'époque où madame de Sévigné écrivait ses inimitables lettres, nous examinerons plus loin s'il y a lieu de modifier cette base du dixième. Quant, à présent, nous devons la conserver et elle nous indique qu'un château contenant 600 mètres de constructions supposerait un domaine contenant 330 hectares de terres de moyenne valeur.

Pour bien préciser notre pensée, nous ajouterons que, si nous voulions calculer rigoureusement, les cours, avenues, jardins d'agrément et parcs, ne devraient pas être compris dans le nombre d'hectares productifs et devraient être ajoutés aux 330 hectares, dont nous venons de parler : mais, voulant faire une large part au luxe des bâtiments, qui est devenu à la mode, nous comprendrons ces dépendances, ordinairement encloses, dans la contenance générale du domaine dépendant du château.

Nous venons d'établir des calculs basés sur cinq conditions principales, qui sont :

90 fr. de dépense moyenne pour construire un mètre superficiel de bâtiments, dans les conditions moyennes d'un château;

60 c. par an et par mètre pour assurance, impôts, réparations et dépréciations des bâtiments;

3 p. 100 comme revenu moyen servant à évaluer le prix d'acquisition des terres productives;

60 fr. par an et par hectare, pour le produit moyen des terres de moyenne qualité ;

1/10 de revenu annuel, ou 6 fr. par hectare, à consacrer au loyer de l'habitation.

Il est évident, que si nous modifions, en plus ou en moins, chacune de ces cinq bases moyennes, notre résultat général sera modifié, dans la même proportion, en plus ou en moins : le tarif suivant sera la conséquence de ces modifications diverses.

6ᵉ Argument. — *Échelle progressive du revenu.*

En ce qui concerne le *revenu moyen* de la terre, que nous avons évalué à 60 fr. *par hectare*, il est incontestable que, pour certaines cultures exceptionnelles. telles que : la vigne, l'olivier, les colzas, les betteraves, le rendement peut s'augmenter beaucoup, tandis qu'il diminuera pour les bois, pour certaines terres labourables de qualité inférieure, les bruyères, les landes, etc. Nous laisserons aux hommes de l'art le soin de décider dans quelles circonstances il conviendra d'élever ou d'abaisser le chiffre de 60 fr., et nous nous bornerons à construire ici une table contenant une proportion croissante et décroissante de 10 en 10, ce qui apportera les changements suivants dans notre résultat, toutes les autres données étant supposées rester les mêmes.

Nous avons vu plus haut que 60 f. de revenu représentent 6 f. de loyer et supposent 1 m. 81 $\frac{\cdot\cdot}{\cdot\cdot\cdot}$ de constructions. 10 f. de revenu représenteront 1 fr. de loyer et supposeront 0 m. 30 $\frac{\cdot\cdot}{\cdot\cdot\cdot}$ de constructions. Nous aurons donc la série suivante :

Revenu par hectare.		Loyer.			Contenance.	
10 fr.,	représentent	1 fr. et	0 m.	30	30/100.	
20	—	2 —	0	60	60/100.	
30	—	3 —	0	90	90/100.	
40	—	4 —	1	21	20/100.	
50	—	5 —	1	51	50/100.	
60	—	6 —	1	81	81/100.	
70	—	7 —	2	12	12/100.	
80	—	8 —	2	42	42/100.	
90	—	9 —	2	72	72/100.	
100	—	10 —	3	03	03/100.	

Cette série permet de trouver facilement tous les termes intermédiaires.

7ᵉ Argument. — *Échelle progressive de la dépense de construction.*

En ce qui regarde la *dépense moyenne de construction*, que nous avons évaluée à 90 fr. par mètre superficiel, par terme moyen, elle augmentera dans les pays où la main-d'œuvre est chère et où les matériaux sont rares, comme aussi quand l'édifice aura plus d'étages et comportera une construction plus solide, plus ornée et plus élégante, que la moyenne adoptée par nous : en sens inverse, elle diminuera quand la main-d'œuvre et les matériaux baisseront de prix, suivant chaque localité et quand on restreindra la hauteur des bâtiments et leur degré d'élégance, d'ornementation et de solidité.

Nous devons nous borner à formuler, dans notre tarif, une série de termes exacts, en laissant l'application aux hommes compétents, pour chaque espèce particulière suivant les circonstances spéciales qui pourront se présenter.

Nous avons supposé plus haut que la moyenne du prix coûtant d'un mètre superficiel de constructions était de 90 fr., représentant, au taux de 3 p. 100, prix moyen d'acquisition des terres, un revenu annuel de de 2 fr. 70 c., lequel augmenté de 60 c. pour entretien, réparation et dépérissement annuel, portait la dépense annuelle du mètre de constructions moyennes à 3 fr. 30 c., qui, rapprochés d'un loyer annuel de 6 fr. par hectare de terre, offraient une proportion de 1 m. 81 81/100 de bâtiments pour un hectare. Si nous supposons que, toutes les autres données restant les mêmes, le changement porte seulement sur le prix moyen de la construction, évalué d'abord à 10 fr. seulement par mètre carré, nous arrivons à un revenu annuel de 30 c., qui, augmenté de 60 c., pour entretien, etc., donne 90 c., lesquels rapprochés des 6 fr. de loyer, par hectare de terre, offrent une proportion de 6 m. 66 66/100 de bâtiments pour un hectare de terre.

Si nous prenons ensuite 20 fr. de dépense par mètre carré, nous obtenons 60 c. de revenu, qui, augmentés de 60 c. de frais, donnent 1 fr. 20 c., lesquels rapprochés de 6 fr. de loyer annuel, produisent 5 m. de bâtiments par hectare.

Nous obtenons ainsi la table suivante, contenant huit termes au-dessus et huit termes au-dessous de la base de 1 m. 81 81/100 adoptée ci-dessus :

10 fr. de dépense de constructions représentent 30 c. de revenu, qui, augmentés de 60 c. de frais, donnent 90 c., produisant, en surface de bâtiments, pour chaque hectare de terre, 6 m. 66 66/100.

Dépense.	Revenu.		Augmentation.		Produit.		Total.		
fr.	fr.	c.	fr.	c.	fr.	c.	m.	c.	
20	»	60	»	60	1	20	5	»	
30	»	90	»	60	1	50	4	»	
40	1	20	»	60	1	80	3	33	33/100
50	1	50	»	60	2	10	2	85	71/100
60	1	80	»	60	2	40	2	50	
70	2	10	»	60	2	70	2	22	22/100
80	2	40	»	60	3	»	2	»	
90	2	70	»	60	3	30	1	81	81/100

Dépense.	Revenu.		Augmentation.		Produit.		Total.		
fr.	fr.	c.	fr.	c.	fr.	c.	m.	c.	
100	3	»	»	60	3	60	1	66	66/100
110	3	30	»	60	3	90	1	53	84/100
120	3	60	»	60	4	20	1	42	85/100
130	3	90	»	60	4	50	1	33	33/100
140	4	20	»	60	4	80	1	25	
150	4	50	»	60	5	10	1	17	64/100
160	4	80	»	60	5	40	1	11	11/100
170	5	10	»	60	5	70	1	05	26/100

8ᵉ Aʀɢᴜᴍᴇɴᴛ.—*Échelle progressive de la somme consacrée au loyer de l'habitation.*

Relativement à la *quotité du revenu annuel* consacrée au loyer de l'habitation, nous avons pris 1/10, parce que cette proportion fut longtemps reconnue comme satisfaisant aux besoins de la vie de château, parmi ceux qui avaient coutume d'habiter ces manoirs seigneuriaux. Mais nous devons bien reconnaître que la vanité, qui s'est emparée de presque toutes les têtes, a maintenant modifié cette proportion : elle a voulu tout donner à l'apparence, sauf à se restreindre sur les choses qui constituent le véritable confort.

En laissant donc à chacun le soin d'apprécier la juste proportion qui doit exister entre ses revenus et le taux de son loyer, nous nous bornerons à indiquer une série de nouveaux termes, basés sur l'augmentation du taux de 1/10, ci-dessus mentionnée.

Tous nos calculs précédents reposant sur cette base de 1/10, nous supposerons que les autres données ne sont pas modifiées et nous opérerons seulement en augmentant de 1/10 le taux du loyer, ce qui nous donnera la table suivante :

1/10 de 60 fr. égale 6 fr., lesquels comparés à 3 fr. 30 c., dépense annuelle de la construction , ne permettent d'avoir, en bâtiments, par chaque hectare de fonds de terre productifs, que............... ..... 1ᵐ 81 81/100

2/10 de 60 f. égalent 12 fr., idem.......... 3 63 63/100

3/10 de 60   — 18   idem.......... 5 45 45/100

4/10 de 60   — 24   idem.......... 7 27 27/100

5/10 de 60   — 30   idem.......... 9 09 09/100

9ᵉ ARGUMENT.—*Échelle progressive du rapport entre l'étendue du domaine et celle des bâtiments d'habitation.*

Il nous resterait encore à étudier les modifications qui pourraient résulter des deux dernières bases, les charges et réparations annuelles que nous avons portées à 60 c. par mètre et le taux du revenu, que nous avons indiqué comme étant de 3 p. 100 en fonds de terre; mais ces deux dernières données ne nous paraissent guère susceptibles de modifications, et, d'ailleurs, il serait facile de les calculer en procédant, comme nous venons de le faire, pour les trois autres : c'est, au surplus, ainsi qu'il faudrait opérer si les modifications devaient porter à la fois sur plusieurs de nos cinq données principales.

Après avoir ainsi indiqué le moyen de régler les calculs sur les circonstances particulières qui peuvent se présenter, nous en revenons à notre moyenne de 600 mètres de constructions pour 330 hectares de contenance, elle nous permet de construire la table suivante :

100 m. de constructions pour			55 hect. de contenance.	
200	—	—	110	—
300	—	—	165	—
400	—	—	220	—
500	—	—	275	—
600	—	—	330	—
700	—	—	385	—
800	—	—	440	—
900	—	—	495	—
1000	—	—	550	—

10ᵉ Argument. — *Relevé des annonces de châteaux à vendre.*

Passant enfin de la *théorie* à l'*observation des faits accomplis,* nous donnons ici les résultats d'un relevé que nous avons dressé de toutes les annonces de *châteaux à vendre,* insérées dans *le Moniteur* et dans *le Constitutionnel,* pendant une période de six semaines, du **26** mars au **11** mai **1862,** jour où nous avons écrit cette copie pour la remettre à l'imprimerie : ils sont au nombre de **41.**

Nous n'y trouvons pas la mesure des bâtiments, ni même pour trois châteaux la mesure du domaine : cette contenance, non indiquée, est remplacée par des explications annonçant une assez grande étendue, puisqu'il s'y trouve plusieurs fermes, des terres, des bois et autres dépendances : toutefois, nous n'avons pas voulu faire des évaluations hypothétiques dans un travail basé uniquement sur des faits constatés, mais nous serons forcés d'y avoir recours plus tard.

Le renseignement de la contenance est indiqué pour **38** châteaux, ce qui nous permet de donner le résumé suivant :

Surface des terrains.	Châteaux.	P. 100.
1 à 5 hect.	4	10 53
5 à 10 —	2	5 26
11 à 20 —	3	7 90
21 à 30 —	3	7 90
31 à 40 —	2	5 26
41 à 50 —	»	» »
51 à 60 —	2	5 26
61 à 70 —	2	5 26
71 à 80 —	1	2 63
81 à 90 —	1	2 63
91 à 100 —	2	5 26
Total jusqu'à 100 hect.	22 chât.	57 89

		Report..... 22		Report.... 57	89
101 à 200 hect.	4			10	53
201 à 300 —	4			10	53
301 à 400 —	3			7	89
401 à 500 —	1			2	63
501 à 600 —	»			»	»
601 à 700 —	3			7	90
701 à 800 —	1			2	63
Au-dessus de 100 hect. et jusqu'à 1,450 hect..	16 chât.	16		42 11	42 11
	Total........ 38 chât.			Total... 100	»

11ᵉ ARGUMENT. — *Proportion entre l'éloignement de la Capitale et la contenance des châteaux mis en vente.*

Le relevé des annonces de châteaux à vendre, dont nous venons de parler, nous a fourni les moyens d'établir, d'une manière incontestable, puisqu'elle résulte de faits accomplis, la loi générale qui existe entre leur éloignement et l'étendue des terres qui en dépendent. Sauf un très-petit nombre d'exceptions, dont l'annotation vient confirmer la règle, cette loi repose sur une fraction de celle fondée sur la progression du carré des distances, en les groupant par zones d'une différence égale de rayons. Nous commencerons par donner ici le relevé de ces annonces, classées dans l'ordre des distances, mesurées en kilomètres, à partir du centre de la Capitale.

Premièrement, jusqu'à 100 kilomètres de distance.

kilomètres.		hectares	ares	cent.
4	Château de Cachan, contenant...	3	58	00
14	Château Louis XIV, sur les bords de la Marne (avec terres, prés, jardins, bois et communs, contenance non indiquée).			

kilomètres.		hectares.	ares.	cent.
	Report.......	3	58	00
17	Château et parc à Villeneuve-le-Roi....................	2	40	00
	Château de Villepinte.........	6	39	90
	Château de Louveciennes......	13	33	34
24	Château de Vaucluse, à Épinay-sur-Orge....................	112	00	00
26	Château et parc de Grégy (Seine-et-Marne)	22	00	00
30	Château style Louis XIII, près Brie-Comte-Robert............	34	00	00
32	Petit château de Tigry, près Corbeil....................	4	00	00
36	Château gothique de Vauréal, 4 kilomètres de Pontoise.........	30	00	00
38	Château de Marolle, près Grosbois (Aisne)..................	17	00	00
40 (environ)	Château d'Ors, commune de Châteaufort (Seine-et-Oise).........	62	62	73
40	Château de Moulignon, entre Melun et Corbeil................	80	00	00
43	Château d'Hardricourt, station de Meulan....................	2	57	67
47	Château du Breuil, canton de Montfort-l'Amaury.............	430	00	00
52	Château de la Mormaire, à Gronouvre (Seine-et-Oise).........	52	76	60
60	Château de Septeuil, canton de Houdan (Seine-et-Oise.)........	26	04	08
62	Château de Fay, près Clermont (Oise)....................	51	12	58
72	Petit château, arrondissement de			
	A reporter........	949	84	90

kilomètres.

		hectares.	ares.	cent.
	Report........	949	84	90
	Compiègne (Oise).............	100	00	00
76	Château de Foljuif, station de Ne-mours...................	12	00	00
82	Château de Montigny-sous-Valence (Seine-et-Marne)........	676	71	05
98	Château de Verdilly, près Château-Thierry (Aisne).............	390	00	00

Total, 22 châteaux. — Distance totale 927 k.

	hectares	ares	cent
Contenance totale indiquée.............	2,128	55	95
Contenance non indiquée pour un château à 14 kilomètres qu'on peut évaluer, par approximation, à.......................	7	00	00
Contenance totale indiquée et supputée....	2,135	55	95

D'où il résulterait les moyennes suivantes :

Distance moyenne pour 22 châteaux.....   42 kil 136 m.

Contenance moyenne pour 22 châteaux... 97 h. 07 a. 08 c.

Loi de contenance progressive, en raison des 927 kilomètres de distance totale : par chaque kilomètre d'éloignement.......... 2 h. 30 a. 37 c.

Deuxièmement, de **100** à **200** kilomètres de distance :

Kil.   hectares ares cent.

Kil.		hectares	ares	cent.
129	Château d'Ourgues, cantᵒⁿ de Fismes (Marne)	250	00	00
140	Beau château { à 3 h. 1/2 de Paris. Parc. avec ferme de produit, contenance non indiquée.	15	00	00
166	Château de Rosières, près Troyes (Aube)..	94	60	96
176	Château en Touraine, près de la vallée du Loir (Blois).......................	377	00	00
193	Château style Louis XIII, près Alençon			

A reporter........ 736 60 96

kilomètres.   hectares. ares. cent.

                        Report...... 736   60   96

    (Orne).............................. 120   00   00

Total, 5 châteaux. — Distance totale 804 kil.

Contenance totale indiquée pour 5 châteaux. 856   60   96

Contenance non indiquée : une ferme de pro-

duit à 140 kil., évaluée approximativement....   70   00   00

Contenance totale indiquée et supputée.....   926   60   96

Ce qui donne les termes moyens ci-après :

Distance moyenne pour 5 châteaux......   160ᵏ 800ᵐ.

Contenance moyenne pour 5 châteaux... 185 h. 32 a. 19 c.

Loi de contenance progressive en raison

des 804 kilomètres de distance totale : pour

chaque kilomètre d'éloignement..........   1 h. 15 a. 24 c.

Troisièmement, de 200 à 300 kilomètres :

213 Château de Saulty, canton d'Avesne-le-

Comte (Pas-de-Calais)...............   61   83   38

238 { Château de Montrésor............... 664   00   00

Château de Quentilly, à 17 kilomètres

de Bourges (Cher)...............   360   46   00

244 Château de Grand-Pré, canton de Lorme

(Nièvre)...........................   253   70   88

271 Château de Bazoque, canton de Balleroy

(Calvados), contenance non indiquée (avec

trois fermes)........................

284 Château de Chalaines, à un kilomètre de

Vaucouleurs (Marne)................   9   00   00

Total, 6 châteaux. Distance totale, 1,250 kil.

Contenance totale indiquée pour 6 châteaux. 1,349   00   26

Contenance non indiquée : trois fermes à

271 kil., évaluées approximativement.......   135   50   00

Contenance totale indiquée et supputée... 1,584   50   26

Ce qui donne les termes moyens suivants :
Distance moyenne pour 6 châteaux........ 208 k. 333 m.
Contenance moyenne pour 6 châteaux..... 264ʰ 08ᵃ 37ᶜ
Loi de contenance progressive en raison des
1,250 kilomètres de distance totale : pour cha-
que kilomètre d'éloignement................ 1ʰ 26ᵃ 76ᶜ

Quatrièmement, de 300 à 400 kilomètres :

Kil.		hectares	ares	cent.
306	Château moderne à 18 kilomètres de Mon-louis (Allier)........................	700	00	00
323	Château et terre à 28 kilomètres de Carentan (Manche).............................	400	00	00
334	Château et parc de Montreuil, près Poitiers.	195	00	00
399	Château et terre en montagne, à 11 kil. de Besançon (Doubs).....................	300	00	00

Total, 4 châteaux. Distance totale, 1,362 kil.

Contenance totale indiquée pour 4 châteaux 1,595 00 00

Ce qui donne les termes moyens suivants :
Distance moyenne pour 4 châteaux...... 340 k. 500 m.
Contenance moyenne pour 4 châteaux..... 398ʰ 75ᵃ 00ᶜ
Loi de contenance progressive en raison
des 1,362 kilomètres de distance totale : pour
chaque kilomètre d'éloignement.......... 1ʰ 17ᵃ 17ᶜ

Cinquièmement, de 400 à 500 kilomètres :

Kil.		hectares	ares	cent.
442	Château le Logis-de-Pindray, commune d'Espagnac (Charente).................	35	00	00
476	Château et terre dans la Dordogne......	1,450	00	00

Total, 2 châteaux. Distance totale, 918 kil.

Contenance totale indiquée pour 2 châteaux, 1,485 00 00

Ce qui donne les termes moyens suivants :

Distance moyenne pour 2 châteaux........ 459 k.

Contenance moyenne pour 2 châteaux..... 742ʰ 50ᵃ 00ᶜ

Lot de contenance progressive en raison des
918 kilomètres de distance totale.......... 1ʰ 61ᵃ 76ᶜ

Cinquièmement, de 500 à 600 kilomètres :

Kil.		hectares	ares	cent.
560	Château et terre de Montferrand, arrondissement de Bordeaux (Gironde)...........	88	32	00
576	Château de Vizille (Isère), avec ferme, usine et dépendances, d'un revenu de 35,000 fr., (contenance non indiquée).			

Supposant 50 fr. de revenu par hectare, cela
donnerait 700 hectares.

Total, 2 châteaux. Distance totale, 1,136 kil.

Contenance totale indiquée pour 2 châteaux.	88	32	00
Contenance non indiquée, évaluée.........	700	00	00
Contenance totale indiquée et supputée.....	788	32	00

Ce qui donne les résultats suivants :

Distance moyenne pour 2 châteaux........ 563 k.

Contenance moyenne pour 2 châteaux..... 394ʰ 16ᵃ 00ᵉ

Loi de contenance progressive, en raison de
1,136 kilomètres de distance totale.......... 0ʰ 69ᵃ 39ᶜ

Les observations constatées ci-dessus et les termes moyens
que nous en avons déduits, sont la résultante de deux forces
agissant, en sens contraire, d'après les principes de la loi du
carré des distances, modifiés par la densité de population. Ces
deux forces sont d'une part, la distance de Paris, qui accroît
la contenance du domaine en raison directe de son éloignement de la Capitale ; d'autre part, la proximité des principales
villes de province, qui contribue à diminuer cette contenance

normale, en raison inverse de son éloignement local. A l'action de
ces deux forces, dont les bases sont officiellement connues, vient
se joindre une autre action, reposant sur des données également
authentiques : c'est celle de la densité de population, car il est
incontestable que Paris, d'une part, et les principales villes
de province, d'autre part, n'exercent leur influence qu'en proportion de leur population qui, elle-même, augmente ou diminue, suivant le degré d'importance de chaque ville, à tous
les titres et au point de vue gouvernemental, administratif, judiciaire, commercial, artistique, scientifique et récréatif, et,
quant à l'écart, que présente chaque observation particulière,
en la comparant aux termes moyens indiqués plus haut, il est
dû à une multitude de causes locales ou personnelles qui ont
amené, en fait, une disproportion en plus ou en moins, avec
les bases normales résultant des moyennes trouvées plus haut ;
toutes ces causes diverses, réunies et compensées, constituent
une troisième action qui, avec les deux premières, produit
l'ensemble des faits observés ci-dessus. Pour préciser l'importance particulière de chacun de ces trois coefficients, il faudrait
se livrer à des calculs assez compliqués, reposant sur des
équations à plusieurs inconnues ; nous n'en voyons pas la nécessité, parce que des résultats d'une rigoureuse exactitude
n'offriraient aucun avantage, et que les termes moyens, trouvés
ci-dessus, répondent à tous les besoins que l'usage peut faire
naître ; nous nous bornerons donc à les résumer dans le tableau
suivant.

TABLEAU

(Nᵒ 7)

RÉCAPITULATION DES TOTAUX ET TERMES MOYENS

DISTANCE MOYENNE EN KIL.	NOMBRE de CHAT. OBSERVÉS.	RAPPORT par MILLE.	ADDITION DES DISTANCES partielles.	CONTENANCE TOTALE des DOMAINES OBSERVÉS.			TERMES MOYEN résultant des OBSERVATIONS CI-CONTRE. Distance moyenne en kilomètres.	Contenance moyenne en hectares.			Contenance moyenne par chaque kilomètre de distance.		
» à 100 k.	22	536	927 k.	2.135 h. 55 a.	95	c.	42.136	97 h. 07 a.	08	c.	2 h. 30 a.	37	c.
100 à 200	5	122	804	926	60	96	160.800	185	32	19	1	15	24
200 à 300	6	146	1.250	1.584	50	26	208.333	264	08	37	1	26	76
300 à 400	4	98	1.362	1.595	»	»	340.500	398	75	»	1	17	17
400 à 500	2	49	918	1.485	»	»	459.000	742	50	»	1	61	76
500 à 600	2	49	1.136	788	32	»	563.000	394	16	»	»	69	39
	41	1.000	6.397 k.	8.514 h. 99 a. 17 c.			156.024	207	68	27	1	33	10

D'après la table précédente, supposons que l'on désire connaître la contenance normale que doit avoir un château, situé à 242 kilomètres de Paris : on n'aura qu'à multiplier cette distance par la contenance moyenne indiquée pour les châteaux situés de 200 à 300 kilomètres, laquelle est de 1 hectare 26 ares 76 centiares; le produit donnera 306 hectares 75 ares 92 centiares. Si l'on préférait employer la moyenne générale qui est de 1 hectare 33 ares 10 centiares, on trouverait 322 hectares 10 ares 20 centiares. La différence entre ces deux résultats a peu d'importance au point de vue pratique. Ils sont plus élevés que le chiffre porté à la colonne de la distance moyenne, parce que les 264 hectares 08 ares 37 centiares correspondent à la distance moyenne de 208 kilomètres 333 seulement au lieu de 242, que nous supposons.

12ᵉ Argument.—*Conclusion sur la disproportion entre l'importance des bâtiments et celle des fonds de terre.*

Pour évaluer cette disproportion, deux bases principales nous sont indiquées par les développements qui précèdent. La première consiste dans la comparaison de l'étendue du domaine à acquérir, avec celle qu'il devrait avoir, s'il était dans les conditions normales, telles qu'elles résultent de la table précédente n° 7 (11ᵉ argument).

Si cette étendue est égale à celle normale, avec une tolérance de 5 p. 100 en plus ou en moins, il n'y aura ni plus-value, ni moins value, et l'on appliquera le............. PRIX DE BASE.

Si le domaine à acquérir *excède* la contenance normale, il pourra en résulter une dépréciation, à cause de la difficulté de trouver un acquéreur, pour une propriété trop grande, si l'on voulait un jour l'aliéner, car on vend toujours mal ce qui excède les proportions moyennes et d'usage. Cette dépréciation pourra se traduire par une... MOINS-VALUE de 5 à 10 p. 100.

Si, au contraire, la contenance du domaine à *acquérir* est

moindre que l'étendue normale, il en résultera nécessairement une dépréciation, s'il s'agit d'une propriété d'agrément et de luxe, parce qu'on n'y trouvera pas toutes les dépendances que l'on recherche en pareille circonstance. Il y aura alors une....
.... MOINS-VALUE de 5 à 10 p. 100.

Mais s'il s'agissait uniquement d'une propriété de culture et de produit, la dépréciation serait moins forte, parce que la terre se divise sans cesse et que les petites cultures sont plus recherchées que les grandes. On ne calculerait alors qu'une........
.... MOINS-VALUE de 1 à 5 p. 100.

La seconde base à consulter est la proportion ou la disproportion entre l'importance de la terre, telle qu'on vient de la calculer à l'état normal et l'importance des bâtiments.

Nous avons cherché à préciser la proportion normale entre l'étendue du domaine et celle des bâtiments, dans les développements qui précèdent (2ᵉ à 9ᵉ arguments), en raison de la destination de ces constructions et selon qu'elles doivent être habitées par des locataires, des ouvriers, des domestiques et des cultivateurs, ou qu'elles doivent devenir des habitations de luxe ou d'agrément. La densité de la population d'une part, et de l'autre l'importance du revenu, ont été les principaux éléments qui nous ont servi à établir la proportion normale.

Si cette proportion normale existe, avec une tolérance de 5 p. 100 en plus ou en moins, entre l'importance du domaine et celle des constructions, il n'y aura ni plus-value ni moins-value, et l'on appliquera le .... PRIX DE BASE.

Si l'étendue des bâtiments est *inférieure* à cette juste proportion il en résultera une dépréciation, parce que l'exploitation sera plus difficile, ou, parce que les édifices consacrés à l'habitation, ne pouvant pas contenir tous les habitants que le domaine comporte, la propriété servira incomplétement à sa destination. Mais comme cette insuffisance pourra presque toujours être atténuée ou même détruite, en faisant de nouvelles constructions, la dépréciation ne sera pas fort élevée et l'on pourra se borner à appliquer une moins-value de 5 à 10 p. **100**.

Si, au contraire, l'étendue des bâtiments est *supérieure* à la surface normale, ci-dessus indiquée, la dépréciation existera puisque la contenance du domaine ne permettra pas de jouir des constructions, avec toutes les dépendances qui seraient nécessaires : on y sera trop à l'étroit, on n'y trouvera pas cette étendue de territoire, qui seule peut constituer une belle terre, une belle propriété. Ces batiments n'étant occupés que par un petit nombre d'habitants, une partie restera vide et n'en sera pas moins soumise à tous les mêmes frais d'entretien, de réparation, à la même dépréciation que si elle était bien occupée. Enfin, il n'y aura pas la même ressource que celle indiquée à l'alinéa précédent, où nous avons dit qu'on pourrait *construire* de nouveaux bâtiments pour compenser l'insuffisance de ceux existants. Dans l'hypothèse actuelle, il faudrait *démolir* les constructions qui sont de trop, et rarement on pourra le faire. D'ailleurs, les matériaux de démolition n'auraient presque aucune valeur. Nous pensons donc que, dans cette seconde hypothèse, la dépréciation pourra motiver une..............

.... moins-value de 10 à 30 p. **100**.

8ᵉ SUBDIVISION. — Mesure du Sol.

Sous ce titre nous avons à étudier les diverses opérations qui concourent à déterminer la mesure du sol, telles que l'arpentage, la levée du plan, le bornage; nous traiterons de la contenance résultant des titres de propriété, ou de la matrice cadastrale, de la prescription, de l'excédant ou de l'insuffisance de mesure, de la vente de la chose d'autrui et des conséquences qui en résultent, etc. ; chacun de ces points sera l'objet d'une classe spéciale.

1ʳᵉ CLASSE. — De la mesure en général.

L'exactitude de mesure de la chose vendue est la base fondamentale des transactions, et l'autorité poursuit maintenant, avec une louable rigueur, les différences de poids et de mesures dans les livraisons : qu'il manque un hectogramme sur un pain trop cuit, dix litres de charbon sur un sac, 50 centimètres sur une pièce d'étoffe, et l'on verra le boulanger, le charbonnier, ou le marchand d'étoffe condamnés à l'amende et parfois à la prison : il en sera de même si le marchand possède chez lui des poids ou des mesures, autres que ceux appartenant au système métrique, le seul permis aujourd'hui depuis que la loi du 4 juillet 1837 a complétement remis en vigueur celles des 18 germinal an III et 19 frimaire an VIII sur le système métrique.

La jurisprudence intermédiaire, qui avait admis une certaine tolérance à cet égard, ne peut donc plus être invoquée aujourd'hui, que l'on est revenu au principe rigoureux sur l'exactitude de la mesure.

Lorsque l'on voit cette persévérance de l'autorité à maintenir la régularité des livraisons, sur la vente journalière des provisions de ménage, qui se fait ordinairement par petites quantités, ne doit-on pas en conclure qu'à plus forte raison, elle regarde comme un devoir d'ordre public de veiller aussi à l'exactitude des livraisons quand il s'agit de la vente d'immeubles d'une valeur considérable?

Le principe général se trouve formulé en l'article 1616 du Code Napoléon, ainsi conçu : LE VENDEUR EST TENU DE DÉLIVRER LA CONTENANCE TELLE QU'ELLE EST PORTÉE AU CONTRAT. Voilà la règle, et si les articles suivants contiennent des *exceptions*, il n'est pas permis de les étendre au delà des termes de la loi. Nous examinerons plus loin les conséquences qui en découlent.

1ᵉʳ GENRE. — Des mesures agraires.

La *mesure agraire* n'a pas été abandonnée à l'arbitraire du vendeur, ou à celui de l'acquéreur : elle est *une* pour tout le monde ; c'est l'are, contenant *cent mètres* carrés, ou *cent cen-*

tiares. Elle ne serait pas uniforme et invariable, comme l'exige la loi, si *la manière de mesurer* était laissée aux fantaisies de chaque vendeur ou de chaque acheteur. Mais il n'en est pas ainsi. De même que, pour les livraisons au poids, la balance doit être de niveau ou en équilibre, le *trait* appartenant à l'acheteur; que pour les mesures de capacité, les grains se *raclent*, et les pommes de terre se mesurent *comble*, ou en forme de cône; de même, dans les mesures *agraires*, le mètre et la chaîne doivent être *tendus horizontalement*, ou de niveau, malgré la déclivité du terrain. On en donne souvent pour motif que les arbres et les plantes poussent verticalement, que les fondations d'un bâtiment se creusent à plomb, que le bâtiment s'élève hors de terre suivant une ligne verticale, ou à plomb, et que l'utilité de la terre se produisant verticalement, sa mesure doit être égale à la distance des lignes verticales entre elles, laquelle distance n'est autre que la longueur d'une ligne horizontale, perpendiculaire à ces lignes verticales. Mais comme cette question a une certaine importance, elle sera traitée dans le premier argument qui va suivre.

1ᵉʳ Argument. — *Les limites du sol sont verticales.*

« La propriété du sol emporte la propriété du dessus et du dessous. » Ainsi s'exprime l'article 552 du Code Napoléon, qui n'a fait que renouveler un principe de droit naturel des plus anciens, tellement évident qu'on peut le considérer comme un axiome. En effet, quand on vend un fonds de terre, on ne vend pas seulement la surface, mais on aliène aussi et le sous-sol, qu'on appelait autrefois le *tréfonds* et qui s'étend jusqu'au centre de la terre, et tout l'espace libre, qui s'élève au-dessus de la terre, jusqu'à la plus grande hauteur qu'on puisse atteindre. Comment pourrait-on concevoir les limites existant entre les propriétés foncières autrement qu'en les déterminant par des lignes verticales, qui s'étendent au-dessus jusqu'au zénith et au-dessous jusqu'au centre de la terre? Aussi n'a-t-on jamais songé à nier que le tréfonds ne doive être limité de cette manière. Si l'on agissait autrement, on arriverait aux résultats les plus absurdes. Supposez, par exemple, que, dans un terrain très-incliné, on voulût considérer sa surface oblique comme étant sa mesure, la conséquence serait que ses limites devraient être déterminées, au-dessus et au-dessous, par des lignes perpendiculaires à cette surface inclinée, et non pas par des lignes verticales ; mais alors il en serait de même pour les propriétaires voisins, et l'on arriverait à cette conséquence que les murs de clôture et les bâtiments construits sur les limites des propriétés devraient être fondés et élevés obliquement, les arbres devraient pousser dans la même direction oblique, et les puits ou les caves limitrophes devraient être creusés obliquement : qu'on juge des conséquences d'un pareil système! Il serait contraire à la loi de la pesanteur des corps et à celle de l'attraction, qui veulent que la chute des corps s'opère verticalement ; les fruits de vos arbres, la pluie glissant sur vos toits et tous autres corps détachés de vos bâtiments, au lieu de tomber verticalement sur votre propre sol, iraient tomber sur la propriété du voisin, et cela en vertu des lois physiques édictées par le Créateur.

Il faut donc, de toute nécessité, que les limites des propriétés soient déterminées au-dessus comme au-dessous par des lignes verticales, puisque le droit de propriété comprend non-seulement toute la masse de terre, enveloppée par ces lignes verticales ou rayons sphériques, jusqu'au centre de la terre, mais encore tout l'espace renfermé au-dessus du sol, par ces mêmes rayons ou verticales prolongées indéfiniment. La conséquence de ce principe conduit à prendre, pour mesure de la terre vendue, un plan horizontal, perpendiculaire à ces limites verticales qui, à nos yeux, sont toutes parallèles entre elles, attendu que leur inclinaison réelle est insensible aux instruments de précision les plus parfaits, même en opérant sur les propriétés de la plus grande étendue connue. Ce plan horizontal est la seule mesure possible, puisqu'on démontre en géométrie, que la perpendiculaire, étant plus courte que toutes les lignes obliques, abaissées sur une ligne droite, elle mesure exactement la distance existant entre deux lignes droites parallèles entre elles.

Il s'ensuit que la propriété du tréfonds doit être mesurée horizontalement et que la propriété de l'espace contenue au-dessus du sol doit l'être de même. A quoi pourrait donc alors servir la mesure oblique de la surface du sol, suivant son développement irrégulier?

Cette surface n'est rien en elle-même, car, à l'exemple de toutes les surfaces géométriques, elle n'a pas d'*épaisseur*. Cette surface est purement intellectuelle; c'est une limite idéale entre le dessus et le dessous, deux choses qu'on ne peut pas séparer et qui ne peuvent exister l'une sans l'autre.

Dira-t-on que cette surface détermine le dessus d'une couche de terre végétale, dont la vertu fécondante donne à la terre toute sa valeur? D'abord, dans certaines propriétés — et ce sont les plus chères, — la terre végétale n'est d'aucune considération; s'il en existe, on l'enlève pour y creuser les fondations d'un bâtiment, un puits, une carrière, une mine. Mais, même pour les propriétés de culture, où la terre végétale a tant d'importance, qu'on pourrait dire qu'elle constitue à elle seule la plus grande valeur du sol, la superficie idéale de ce sol n'est d'aucune considération; c'est l'*épaisseur* de la couche de terre végétale qui en accroît le prix. Supposons qu'on veuille mesurer le *cube* de la terre végétale vendue? On ne le pourra qu'au moyen de lignes verticales, ou à plomb, tracées aux limites de la propriété : si le terrain est en pente, la figure ne sera pas rectangulaire, mais elle ne pourra se mesurer qu'en prenant le cube d'un solide rectangulaire équivalant au solide à angles obliques : cette mesure sera égale à l'épaisseur de la couche de terre (mesurée verticalement), multipliée par la surface d'un plan horizontal, coupant à angles droits toutes les lignes verticales qui servent de limites au champ dont il s'agit. Ainsi donc, même pour mesurer le *cube* de la couche de terre végétale, dans le cas où l'on aurait l'inutile fantaisie de connaître cette mesure, il faudrait toujours se servir de lignes verticales et d'un plan horizontal, perpendiculaire à ces lignes à plomb.

Ainsi donc cette surface, entièrement idéale, n'est rien en elle-même qu'une simple limite sans épaisseur : *au - dessus* d'elle se trouvent les plantes, les arbres, les constructions, et l'air, l'espace, l'immensité ; *au-dessous* la terre végétale, le tuf, les fondations des bâtiments, les caves, les puits, les carrières et les mines et la charpente de la terre, jusqu'au centre de sa sphère. Mais, comme on ne peut mesurer soit le *dessus*, soit le *dessous*, jusqu'aux limites verticales de la propriété, qu'au moyen d'un *plan horizontal*, lui-même idéal, que l'on conçoit perpendiculaire à ces limites verticales, il s'ensuit que la mesure du développement de cette surface idéale n'a aucune valeur et n'est d'aucune considération concluante, quant aux limites de la propriété et à sa valeur. La logique nous prouve donc, *a priori*, que la mesure du sol ne peut s'opérer que par la projection horizontale.

2ᵉ Argument. — *La mesure légale est horizontale.*

Chacun sait que le *mètre*, mesure légale française, est la dix-millionième partie du quart du méridien terrestre. Or, cette section du méridien ayant été mesurée *horizontalement au niveau de la mer*, par le moyen d'opérations géodésiques de réduction, et non pas en suivant la déclivité des falaises, des rivages, des montagnes et des ravins, il s'ensuit que le *mètre*, en tant que mesure agraire, ne serait pas égal à la dix-millionième partie du quart du méridien terrestre, calculé comme il l'a été en vertu de la loi, si pour les opérations d'arpentage, on suivait les pentes et les ondulations du terrain. Cette dernière prétention obligerait à modifier l'étalon en changeant de localité; il faudrait adopter un mètre plus long dans les pays de montagne et un mètre plus court dans les pays de plaine, afin que chacune des dix millions de divisions tracées sur le quart du méridien terrestre fût égale à un mètre; mais alors ces divisions ne seraient plus égales entre elles, et l'on reviendrait à l'anarchie de mesures.

Le choix de la méthode adoptée, pour mesurer le quart du méridien terrestre, ne fut pas laissé au caprice des astronomes qui ont exécuté cette importante opération. L'Académie des sciences ayant été chargée, par le législateur, de procéder à cette mesure, nomma, dans son sein, une commission composée des plus célèbres de ses membres, lui donna des instructions, et son travail, une fois terminé, fut homologué par une loi et rendu obligatoire pour tous. Des étalons de précision furent déposés dans les archives publiques, et d'autres étalons, d'une apparence plus vulgaire, furent incrustés dans des tables de marbre et placés *horizontalement* sur certains monuments publics, où ils existent encore pour la plupart.

Mais l'étalon primitif, qui a servi à confectionner tous ces étalons usuels, existe dans la nature : c'est le méridien terrestre, dont le quart est supposé subdivisé, *horizontalement*, en dix millions de parties égales, nommées chacune un *mètre*.

La mesure agraire du *centiare*, égale à un mètre carré, ne sera donc exacte que si son plan est *horizontal* ; de même l'*are*, pour être exact, devra contenir cent mètres carrés placés *horizontalement*, et l'*hectare* pour être juste devra se composer de centiares mesurés *horizontalement*. On conçoit en effet que les subdivisions d'une mesure légale doivent être de la même nature que cette mesure *unité*. Supposez qu'un mètre, au lieu de se diriger en ligne droite sur un même plan, changeât de plan et d'inclinaison, de décimètre en décimètre; la réunion de ces dix décimètres ne serait plus un mètre, mais une mesure de fantaisie; car, en réunissant les extrémités de cette ligne brisée par une ligne droite, sa longueur serait plus courte que celle du mètre légal.

En 1806, le célèbre astronome Delambre publia un livre intitulé : *Base du système métrique décimal, ou mesure de l'arc du méridien, compris entre les parallèles de Dunkerque à Barcelone*. On y trouve l'exposé des opérations qui furent nécessaires pour mesurer, de **1792** à **1799**, le quart du méridien terrestre. La *Métrologie française* de Souquet (Toulouse 1840) l'analyse à peu près dans les termes suivants :

« L'arc du méridien terrestre, compris entre Dunkerque et Montjoie, près Barcelone, fut mesuré avec des règles faites en platine, et on apporta, dans cette opération, toute l'exactitude que peuvent donner les instruments et les méthodes modernes. Il fallut lier par des triangles *visuels* tous les points renfermés dans cette vaste étendue, et mesurer les angles que faisaient entre elles les stations choisies et ceux d'*élévation*, ou de *dépression* de chacune de ces stations, par rapport à celle où l'on pointait l'instrument, afin de pouvoir *réduire à l'horizon* les angles primitivement observés; par des opérations d'azimuth (angle d'une ligne avec le méridien) on s'assura de la direction des côtés de ces triangles, relativement à *la méridienne*; enfin, des observations astronomiques firent connaître l'*arc céleste*, auquel correspondait l'*arc terrestre* mesuré géodésiquement.

» Deux bases furent mesurées, l'une entre Melun et Lieusaint, l'autre entre Venet et Salce. — Les lignes, qui composaient la base et se mesuraient successivement, n'étant pas exactement *de niveau, il fallait en connaître* L'INCLINAISON, *et les ramener, par le calcul, à la longueur de la* ligne HORIZONTALE qui y correspondait. Enfin, cette ligne, ainsi réduite, n'était pas posée sur la *surface de la mer*, et c'était cependant à ce *niveau central* qu'il fallait réduire tous les autres.

» Le quart du méridien terrestre, ou d'un cercle qui envelopperait la terre, ou d'un fil qui en ferait le tour, en allant du pôle nord au pôle sud et *supposé au niveau de la mer*, voilà la base et le garant des nouvelles mesures, voilà la longueur prise pour le grand prototype.

» Pour dresser une nouvelle *carte de France* et le *cadastre* général et parcellaire, on traça deux grandes lignes, perpendiculaires entre elles, dirigées, l'une du nord au sud, l'autre de l'est à l'ouest, et l'on couvrit tout l'espace à mesurer d'un réseau de grands triangles, rattachés à ces lignes et subdivisés en triangles secondaires, en descendant jusqu'à l'arpentage des communes. Ainsi les mesures partielles furent restreintes dans leurs écarts par des triangles, qui les circonscrivaient, et les négligences des arpenteurs furent reconnues et rectifiées.

» Le mètre étant la quarante millionième partie de la circonférence de la terre, il en résulte que l'*are*, mesure agraire a du rapport avec la circonférence de la terre, puisqu'il est formé d'un *carré*, dont le côté est la *quarante millionième* partie de cette circonférence, *supposée mesurée au niveau de la mer*, comme nous l'avons dit plus haut. »

« La *chaîne* de l'arpenteur, d'une longueur de dix mètres, s'appelle un *décamètre*. » Elle est égale à un côté du carré nommé un *are*, et ce côté n'est autre chose qu'une fraction de l'horizon : pour être une mesure exacte, il faut donc que cette chaîne soit tendue *horizontalement*, afin de se rapprocher du *niveau de la mer*, dont la surface a été prise pour le prototype des mesures métriques en général et spécialement des mesures agraires françaises. L'arpenteur qui ne tendrait pas sa chaîne *horizontalement* se servirait donc d'une fause mesure, et serait aussi répréhensible que le marchand qui vend à faux poids.

2ᵉ GENRE. — Réfutation des objections.

Comme il se trouve toujours des gens qui ne craignent pas de contester les principes le plus à l'abri de toute controverse,

on a dit que, dans le service des ponts et chaussées, les bornes
millières étaient placées à des distances mesurées suivant la
déclivité des routes ; que dans la culture, les terrains en pente
recevant plus directement les rayons du soleil, étaient mieux
fécondés et donnaient de plus belles récoltes ; que dans les propriétés d'agrément, destinées à la promenade, les terrains en
pente offraient plus de développement au promeneur, et qu'il
était juste d'en tenir compte dans l'adoption de la mesure.
Nous devrions renvoyer notre réponse au paragraphe où nous
parlerons de l'arpentage, mais pour abréger, nous dirons tout
de suite que ces objections ne sont nullement fondées et repo-
sent toutes sur des erreurs faciles à réfuter.

D'abord, pour les *routes*, dans la carte de France et dans les
plans du cadastre, elles sont mesurées *horizontalement*, pour
en déterminer la contenance et non point *obliquement*. Mais,
lorsqu'il ne s'agit plus d'en préciser la contenance et qu'il est
question d'autre chose, c'est-à-dire de la paver, empierrer ou
entretenir, ou de la difficulté de traction et de parcours, soit à
pied, soit à cheval, soit en voiture, ou du temps qu'entraîne ce
parcours, alors il faut bien avoir recours à une seconde méthode de mesurage, qui ne détruit et n'affaiblit en aucune
façon la méthode de *projection horizontale*. En effet, les pavés
d'une route doivent être posés parallèlement à sa pente et non
pas verticalement, afin d'éviter les à-coups qui en résulteraient :
on cherche à aplanir la voie et non pas à la hérisser d'une
multitude de petits escaliers ; dès lors l'unité n'est plus horizontale, mais oblique. Il en serait de même s'il s'agissait des revê-
tements en pente d'un quai, où les pierres sont posés obliquement et non pas verticalement. Ce que nous disons pour le pavé
s'applique également à l'empierrement et à l'entretien de la
surface de la voie ; le cantonnier qui en est chargé ne s'occupe
pas de labourer la terre végétale et d'en développer la culture :
tout au contraire, il arrache avec soin les plantes parasites qui
peuvent y pousser ; toute son action se porte sur la *pelure*, si

nous pouvons nous servir de ce mot, mais il n'attaque pas le sol : c'est plus souvent avec un *balai*, et non avec une *bêche*, qu'il travaille : c'est donc bien là le cas de mesurer cette *pelure* de la route ; mais au contraire, quand il s'agira d'acquérir le terrain nécessaire à une route nouvelle, ou d'aliéner une ancienne route abandonnée, alors le Domaine mesurera le terrain d'après le système de la *projection horizontale*.

A un autre point de vue, le voyageur pédestre et les chevaux éprouvant plus de difficultés à gravir une côte ou à la descendre qu'à circuler sur un chemin uni et horizontal, il était tout naturel de mesurer cette difficulté suivant la ligne oblique, qu'il doit parcourir, et non d'après la ligne horizontale plus courte, mais qu'il n'a aucun moyen de suivre. Pendant qu'on était en train de faire des objections, on aurait aussi pu nous citer les escaliers : nous irons au-devant de l'objection.

L'art militaire, qui a tout étudié et tout réglementé, a fixé le pas *direct* à deux pieds anciens, aujourd'hui 66 centimètres. comme étant la moyenne que tous les hommes au service pouvaient facilement atteindre, sans excéder leurs forces naturelles. Mais, quant au pas *oblique*, dont la diagonale seule représente les deux pieds anciens, on ne l'a calculé, en *ligne directe*, que pour 17 pouces, ou 48 centimètres. Pareillement, dans la construction d'un escalier, le maçon ou le charpentier calcule le pas de deux pieds (66 centimètres) comme rentrant dans les aptitudes physiques de l'homme, qui marche de plain-pied ; or, l'escalier se composant d'une partie horizontale et d'une partie verticale, on a été amené à ne donner à la partie verticale que la moitié de la hauteur réglementaire : c'est ainsi que la marche a un pied (33 centimètres) d'emmarchement horizontal et que la contre-marche n'a que 6 pouces (17 centimètres) de hauteur, équivalant à un pied horizontal, et l'on trouve ainsi le pas de deux pieds réglementaire. Mais quand on vous vendra une propriété dans laquelle il se trouve un escalier, on n'en mesurera pas la surface comme on mesure l'emmarchement d'un escalier : c'est la projection horizontale qui donnera la mesure du sol vendu.

De pareils détails, appliqués à des spécialités, ne peuvent pas modifier une règle générale et universelle, qui s'appuie sur un autre ordre d'idées : ces exceptions ne feraient que la confirmer, si elle avait besoin de l'être.

L'avantage attribué aux terrains en pente, sous le rapport de la récolte, n'est également que le résultat d'une erreur et d'un malentendu. Il n'est pas nécessaire de rappeler que cette espèce de terrain entraîne des frais extraordinaires de culture à plus d'un titre : d'abord, la pluie, la neige, les gelées ont toujours pour résultat d'entraîner en aval une grande partie de la terre végétale, qu'il devient très-onéreux de faire transporter dans les parties élevées ; si le versant exposé au midi reçoit mieux les rayons du soleil dans un pays en pente, celui exposé au nord en est bien plus privé que dans les pays plats, puisque le sol lui tient lieu d'un écran ; enfin, la végétation s'opère toujours verticalement ; la culture et la récolte sont bien plus difficiles à faire et coûtent bien plus dans un pays de montagnes que dans un pays de plaine ; et, quant à l'action du soleil, si elle est salutaire, dans une certaine limite, elle devient nuisible quand il y a excès et lorsque la sécheresse finit par brûler et faire périr toutes les plantes. Ces terrains en pente sont d'ailleurs plus exposés que les autres à l'action du vent, de la gelée et de la grêle, fléaux destructeurs de tant de récoltes. Il ne faut donc pas admettre, sans un sévère contrôle, l'objection tirée d'un prétendu surcroît de végétation que produiraient les rayons du soleil, dont l'action a été si bien combinée par le Créateur et si bien appropriée à toutes les localités, qu'en Russie, en Norvége, en Suède, deux mois de soleil suffisent pour faire pousser, mûrir et rentrer les récoltes, tandis qu'il en faut trois fois autant dans nos climats tempérés.

Parlerons-nous enfin du plaisir de la promenade dans les propriétés d'agrément? Mais ce plaisir se trouve singulièrement amoindri lorsque, pour s'y livrer, on est obligé de gravir des pentes abruptes, au lieu de prendre tranquillement un exercice modéré sur un terrain bien nivelé ; car la locomotion humaine s'opère horizontalement, d'après les lois de l'équilibre, et non pas obliquement : lorsque l'on est obligé de marcher sur un terrain en pente, on n'y parvient qu'en employant un surcroît de force musculaire, qui fatigue et ne permet pas de se livrer à cette marche aussi longtemps que dans un terrain plat : sans compter les travaux continuels qu'il faut faire pour arranger les allées minées par les pluies et ramener en haut le sable qu'elles ont entraîné dans les parties basses. Mais, à tout prendre, le promeneur n'a ni plus ni moins d'étendue que sur un terrain plat : il a seulement plus de peine à gravir les pentes. L'homme bien portant peut, comme le malade, se promener sur un terrain plat, mais le malade ou le vieillard ne peut pas, comme le jeune homme bien portant, se promener sur un terrain en pente.

On le voit, toutes les objections reposeraient sur des faits mal étudiés et sur des erreurs d'appréciation qui ne détruiraient en rien les puissants motifs développés plus haut, sous l'autorité de la législation et avec l'appui de la loi naturelle.

2ᵉ CLASSE. — De l'Arpentage.

Les développements, que nous venons de donner à la première classe simplifieront beaucoup ce qu'il nous reste à dire sur l'arpentage et la levée des plans, car nous n'avons nullement la prétention d'écrire des traités sur ces arts spéciaux : ils ont été faits et bien faits, au commencement de ce siècle, par un éminent mathématicien, Lacroix, membre de l'Institut. Seulement, comme il n'était pas jurisconsulte, il ne s'est pas occupé de la question de légalité, qui a tant d'importance et que nous venons de discuter.

Un arpentage est le seul moyen de vérifier l'étendue d'une

propriété qu'on achète, et il peut être volontaire et facultatif, ou ordonné en justice. Lorsque la propriété est, depuis longtemps, enclose de murs, sa contenance devient invariable ; mais, lorsqu'elle n'est limitée que par des pâlis, des haies, des fossés, des bornes, ou bien lorsque la construction des murs est toute récente, il peut régner quelque incertitude, et deux arpenteurs, opérant chacun isolément, se trouveront rarement d'accord sur la contenance exacte, ne fût-ce qu'à cause de l'action de la température sur les instruments de précision à l'usage de l'opérateur, car la chaleur produit la dilatation des métaux, tandis que le froid les contracte. C'est par ce motif que le législateur a accordé pour les poids, les mesures et les monnaies, une certaine tolérance, dont nous parlerons plus loin, avant de fixer la limite où l'action judiciaire commence à être permise pour réprimer la fraude.

L'arpenteur devra s'environner de tous les renseignements les plus authentiques, pour tracer les limites de la propriété, et ensuite il en prendra la mesure superficielle, d'après le système de *projection horizontale*, seul enseigné maintenant dans les écoles publiques. Tout le reste devient une question d'art, et l'arpenteur instruit n'a besoin d'aucune autre indication.

Il est évident que, vis-à-vis de l'homme de l'art et sauf ce que nous allons dire au sujet du vendeur, les frais de l'arpentage sont à la charge de celui qui le réclame volontairement ; dans une instance judiciaire, ils sont supportés par la partie qui succombe ; toutefois, puisque, suivant l'article 1602 du Code Napoléon, le vendeur est tenu d'expliquer clairement ce à quoi il s'oblige, et que tout pacte obscur et ambigu s'interprète contre lui, il en résulte implicitement cette conséquence que le vendeur doit connaître et indiquer exactement à l'acquéreur l'étendue de la propriété qu'il lui vend; et comme le seul moyen de connaître cette contenance est de faire procéder à un arpentage, il faut en conclure que c'est, pour le vendeur, une obligation naturelle que de faire mesurer sa propriété, à ses frais, au moment où il en fait la délivrance. C'est ainsi que tous les marchands mesurent ou pèsent leurs denrées à l'instant même où ils les livrent à l'acheteur. Si l'arpentage existe, c'est l'état normal, et l'on appliquera le............... PRIX DE BASE.

Mais, dans l'hypothèse contraire, indépendamment de toutes les autres conséquences que peut entraîner, contre le vendeur, l'absence d'un arpentage régulier, nous pensons que c'est une cause de dépréciation de l'immeuble, qui peut se calculer par une.................... MOINS-VALUE de 1/4 à 1 p. 100.

3ᵉ CLASSE. — Du Plan.

L'ouvrage de Lacroix, dont nous venons de parler, contient un bon traité sur l'art de lever les plans.

Il est très-important, pour un acquéreur, de recevoir un plan exact de la propriété, car l'étude de ce dessin peut seule lui procurer la connaissance exacte de l'immeuble dans son ensemble et dans tous ses détails.

Vis-à-vis de l'homme de l'art chargé de lever le plan, et sauf ce que nous allons dire quant au vendeur, les frais de levée de ce plan sont, comme ceux de l'arpentage, à la charge de celui qui le réclame volontairement, ou bien à la charge de la partie qui succombe, s'il s'agit d'une action judiciaire.

Le géomètre, architecte ou ingénieur qui lève ce plan, doit se conformer aux progrès de la science et adopter le système de la *projection horizontale*, puisque maintenant c'est le seul qu'on enseigne dans les écoles publiques. Il doit préciser avec soin l'orientation du plan, et désigner très-exactement les noms des propriétaires voisins, et, pour le faire régulièrement, il est obligé de s'entourer de tous les renseignements indispensables, puisés à des sources certaines, car nous venons de dire que le plan peut être rangé parmi les titres de propriété quand il est ancien et authentique : il est donc important d'en assurer la régularité par une enquête faite avec soin. L'homme de l'art doit signer le plan et le dater, soit afin de constater qu'il le garantit exact, soit pour que sa signature serve un jour de justification, s'il venait plus tard à s'élever des contestations relativement à la propriété.

Dans notre opinion et par les motifs exprimés plus haut au sujet de l'arpentage, le vendeur a également l'obligation naturelle de fournir à ses frais à lacquéreur un plan de la propriété qu'il lui vend. Si ce plan est exact et dressé récemment, le vendeur, en le remettant à l'acquéreur, ne fait que s'acquitter d'une obligation naturelle, c'est l'état normal, et il y a lieu d'appliquer le.............................. PRIX DE BASE.

Si, outre ce plan nouveau, le vendeur remet à l'acquéreur un ancien plan, dont l'authenticité soit apparente, et qui se trouve d'accord avec les titres de propriété, comme c'est là un document très-important et qui peut devenir très-utile, nous croyons qu'il pourra motiver une...... PLUS-VALUE de 1/4 à 1 p. 100.

Mais si le vendeur ne remet aucun plan à l'acquéreur, indépendamment de toutes les autres conséquences qui peuvent en résulter contre lui, en cas de fausses indications, nous estimons qu'il y a lieu à une.......... MOINS-VALUE de 1/4 à 1 p. 100.

4ᵉ CLASSE. — Du Bornage.

Si la propriété n'est pas close de murs, son bornage est indispensable pour éviter les empiétements ou les contestations des voisins, et par les mêmes motifs que ceux expliqués ci-dessus, relativement à l'arpentage et au plan, nous estimons que c'est une obligation naturelle du vendeur que de remettre à l'acquéreur un procès-verbal de bornage. S'il fait cette remise, il accomplit une obligation naturelle, c'est l'état normal, et il y a lieu d'appliquer le...................... PRIX DE BASE.

Si l'acquéreur n'a pas reçu cette pièce, il devra se la procurer et remplir les formalités tracées par la loi pour parvenir au bornage amiable, ou judiciaire, de la propriété acquise. Les frais devant être supportés par ceux qui réclament le bornage amiable, à moins qu'il ne s'agisse d'une action en justice, où les frais sont à la charge de la partie qui succombe, la privation de ce document peut occasionner à l'acquéreur des frais et d'autres conséquences onéreuses, et nous croyons devoir y appliquer une................ MOINS-VALUE de 1/4 à 1 p. 100.

5ᵉ CLASSE. — Comparaison de la contenance réelle avec celle mentionnée au contrat de vente.

Au moyen de l'arpentage, de la levée du plan et du bornage, on arrive à connaître exactement la contenance de la propriété acquise, et l'on peut la comparer avec celle indiquée au contrat de vente.

Indépendamment de l'obligation naturelle, que les principes de morale, de justice et d'équité imposent au vendeur et que sa conscience doit lui faire connaître, le législateur a pris le soin de la formuler par un article très-précis, devançant ainsi le procédé indiqué par l'auteur d'une célèbre chansonnette :

> Ceux qui sont sourds n'ont qu'à le dire,
> Je fais un roulement de plus !

Pour les vendeurs, qui seraient sourds au cri de leur conscience, le roulement de plus se trouve à l'article 1616 du Code Napoléon, ainsi conçu : « *Le vendeur est tenu de délivrer la contenance, telle qu'elle est portée au contrat*, sous les modifications ci-après exprimées. » Ces modifications se rapportent à deux catégories bien distinctes : la première, celle où la vente est faite à raison de *tant la mesure* : on comprend qu'alors le plus ou le moins de contenance dans la livraison doit toujours amener une augmentation ou une diminution proportionnelle du prix : les articles 1617 et 1618 expliquent les conséquences qui découlent de ce principe, qui n'est que la reproduction d'une règle de droit naturel

La *seconde* catégorie se trouve expliquée par l'article 1619, ainsi conçu :

« Dans tous les autres cas,

» Soit que la vente soit faite d'un *corps certain et limité,*

» Soit qu'elle ait pour objet des fonds distincts et séparés,

» Soit qu'elle commence par la mesure, ou par la désigna-
» tion de l'objet rendu, suivi de la mesure,

» L'expression de cette mesure ne donne lieu à aucun supplé-
» ment de prix, en faveur du vendeur, pour l'excédant de me-
» sure, ni en faveur de l'acquéreur, à aucune diminution du
» prix, pour moindre mesure, qu'autant que la différence de la
» mesure réelle à celle exprimée au contrat est d'un vingtième
» en plus ou en moins, eu égard à la valeur de la totalité des
» objets vendus, s'il n'y a stipulation contraire. »

Les articles suivants contiennent des dispositions accessoires ou réglementaires pour les détails non prévus à l'article 1619, et la jurisprudence a interprété la dernière phrase du dernier alinéa, qui n'existait pas dans le projet primitif et qu'un amendement y a introduit lors de la discussion au conseil d'État. Posons des chiffres pour mieux faire comprendre la question.

1ʳᵉ Espèce. — *Rapport de la différence de mesure avec la
valeur totale.*

Supposons qu'on a vendu une propriété, close de murs et de haies, composée de bâtiments et de cours, jardin, vigne, bois, pré et verger, en disant qu'elle contient cinq hectares environ, moyennant 130,000 fr. ; supposons que la matrice cadastrale et les titres de propriété, produits après la vente, indiquent seulement le *cadastre* : 4 hectares 00 ares 41 centiares ; et les *titres :* 03 ares 60 centiares ; la première question à décider sera celle de savoir si « la différence de la mesure réelle à celle exprimée
» au contrat est d'un vingtième en moins, en égard à la va-
» leur de la totalité des objets vendus. »

D'après la jurisprudence, le vingtième devant se calculer sur la valeur totale des objets vendus, que nous avons supposée être de 130,000 fr., la réclamation ne sera admissible que si elle s'élève au moins à 6,500 fr. — Si nous supposons que la contenance des bâtiments et leur valeur particulière n'ont pas été indiquées séparément au contrat, et que la différence de mesure réelle, porte uniquement sur les cours, jardins, vigne, bois, pré et verger, comment doit-on s'y prendre pour en calculer la valeur ? Une expertise sera-t-elle nécessaire pour la déterminer ? La loi indiquera-t-elle les bases sur lesquelles l'expertise devra s'appuyer ?

A défaut de documents dignes de confiance, indiquant le prix séparé des bâtiments, qu'on peut évaluer sans avoir recours à une mesure rigoureuse et des fonds de terre, dont on ne peut connaître la contenance et la valeur que par le mesurage et l'estimation, il semblerait inévitable de procéder à une expertise. Toutefois, comme elle entraînerait des frais et des lenteurs, il semble qu'on ne devrait y avoir recours que s'il était impossible de s'en passer.

Deux sources de renseignements se présentent ordinairement comme pouvant donner des indications à cet égard.

L'une n'émane pas du vendeur, mais elle a un certain degré d'authenticité qui pourrait suppléer à son concours : c'est la *matrice cadastrale*, qui évalue séparément le revenu imposable des bâtiments et celui des fonds de terre : il en résulte un rapport établissant déjà une espèce de ventilation entre la valeur de ces deux catégories de propriétés.

L'autre document est la *police d'assurance*, signée par le vendeur et qui contient une estimation des bâtiments. En retranchant cette estimation du prix total de la vente, le restant indiquerait la valeur estimative des fonds de terre.

Si nous supposons que ces deux documents ne sont pas admis comme preuve suffisante et qu'il faille recourir à l'expertise, comment devra-t-elle se faire et sur quoi devra-t-elle porter ?

Les expressions, « eu égard à la valeur de la totalité des ob- » jets vendus, » contenues en l'article 1619 du code Napoléon, tracent le devoir des experts. Il ne s'agit pas seulement d'apprécier la valeur d'un hectare de terre labourable, situé au milieu des champs, pour déterminer l'importance du déficit constaté, car l'acquéreur n'a pas acheté des parcelles de terre situées au milieu des champs et dispersées dans tout le territoire d'une commune. Il a acheté un corps certain, enclos de murs et de haies, un tout formant un ensemble destiné à rester uni et dont chacune des parties contribue à donner du prix aux autres.

S'ils veulent se rendre compte de la valeur spéciale de chaque espèce de fonds de terre, rien ne les empêche de mesurer séparément la surface des bâtiments et celles des cours, jardins, vigne, bois, prés et verger et de répartir le défaut de contenance sur chaque essence, proportionnellement au tout : cela est facile, quant à la mesure seulement. Mais lorsqu'il s'agira d'appliquer à chacune de ces essences un prix d'estimation, ils ne devront pas oublier les expressions de la loi : « eu égard à » la valeur de la totalité des objets vendus. » S'ils estiment la quantité proportionnelle manquant sur la vigne, par exemple, ils ne devront pas appliquer seulement le prix de l'hectare de vigne, sans clôture, isolée au milieu des terres de la commune : ils devront se rappeler qu'il s'agit d'une vigne enclose de murs, par conséquent mieux gardée que les autres vignes du même pays qui n'ont pas de clôture, que cette vigne sert non-seulement au produit, pour faire du vin, mais quelle a en outre plusieurs autres destinations, d'abord celle de la *promenade*, à l'usage des personnes qui demeurent dans la propriété; ensuite celle de l'*isolement,* afin que les immeubles des voisins, se trouvant plus éloignés des bâtiments et des jardins d'agrément, ne puissent servir à des plantations ou à des constructions gênant la vue, ou bien à des usines ou dépôts d'immondices d'un voisinage incommode pour les bâtiments d'habitation : ce n'est donc pas le prix de l'hectare ordinaire de vigne du pays qu'ils devront appliquer, mais bien un prix plus élevé, en raison des clôtures et des autres usages que nous venons d'indiquer. Ce que nous disons pour la vigne s'appliquerait également aux jardins, au bois, au pré et au verger, à l'égard desquels il faudrait opérer de la même manière.

Et, lorsque les experts auront à s'enquérir de l'estimation des bâtiments , il ne suffira pas qu'ils les évaluent d'après la dépense que pourrait occasionner leur construction, au jour de l'expertise : ce ne serait là qu'un élément incomplet d'appréciation : encore moins auraient-ils à s'enquérir du prix que le vendeur a pu payer pour les édifier : ils devraient les estimer ce qu'ils valent dans le commerce et leur donner le prix que des amateurs sérieux pourraient en offrir, eu égard au pays en général et à la localité en particulier. Ils auraient donc à rechercher quelle serait la valeur, résultant de ventes accomplies, pour d'autres propriétés situées dans une position analogue et avec des conditions de même nature.

Ils devraient aussi se rendre compte de l'effet que produit, sur l'estimation générale de la propriété et sur celle spéciale des bâtiments, le déficit existant dans la contenance.

En effet, un pareil déficit n'entraîne pas un préjudice pareil sur les grands et sur les petits domaines.

Qu'il manque un cinquième sur 600 hectares promis, c'est-à-dire 120 hectares, il restera encore 480 hectares, domaine bien suffisant pour les bâtiments les plus considérables qu'on puisse imaginer ; mais que, sur 5 hectares vendus, il en manque 1 ou 2, suivant qu'on s'en rapportera à la matrice cadastrale ou aux titres de propriété, la disproportion entre l'importance des bâtiments et celle des fonds de terre en dépendant sera bien plus sensible que s'il s'agissait de 600 hectares.

600 hectares et même 480 correspondent aux plus grandes propriétés et à toutes les distances de la capitale ; mais s'il ar-

rivait que, d'une part, le chiffre de 5 hectares fût déjà fort disproportionné avec la contenance normale d'une propriété, eu égard à sa distance de Paris, et que, d'autre part, l'importance des bâtiments fût aussi exagérée, eu égard à la faible contenance de 5 hectares annoncés et non livrés, et aussi en raison de la densité de la population du pays, alors la différence en moins dans la contenance réelle, comparée à celle annoncée au moment de la vente, devrait être prise par les experts en très-sérieuse considération, comme apportant une dépréciation notable à la valeur des bâtiments.

Pour se rendre compte de l'étendue normale de la propriété, eu égard à son éloignement de Paris et de l'étendue normale des bâtiments, en raison de la contenance du domaine et de la densité de la population du pays, nous nous référerons aux développements déjà donnés précédemment (7ᵉ subdiv., 3ᵉ classe, 2ᵉ genre, arguments 1 à 12), que nous ne croyons pas devoir reproduire ici pour abréger.

2ᵉ Espèce. — *Stipulation contraire à la garantie de mesure.*

La livraison de la contenance, promise par le contrat de vente, sauf une tolérance modérée, pourrait être considérée comme étant d'ordre public, par assimilation aux autres dispositions de la loi, concernant les poids et mesures : jusqu'ici le législateur ne s'est pas prononcé à cet égard, mais il a permis aux parties soit de s'imposer cette obligation rigoureuse, soit de déroger en tout ou en partie à la règle de garantie de la mesure indiquée. Cette double faculté résulte de la fin de l'article 1619 du Code Napoléon, ainsi conçue : « S'il n'y a stipulation contraire. »

Si les parties adoptent la stipulation d'une *garantie rigoureuse* de la mesure indiquée au contrat, elles peuvent y insérer la clause suivante : « Le vendeur n'entend vendre et l'acquéreur » n'entend acheter que la mesure exacte ci-dessus indiquée :

» le plus ou le moins de mesure serait l'objet d'une augmen-
» tation, ou d'une diminution proportionnelle du prix, ci-
» après stipulé, lors même que la différence serait inférieure à
» un vingtième; les parties déclarant renoncer respectivement
» à la tolérance dont la limite est un vingtième, prononcée par
» l'article 1619 du Code Napoléon. »

Si, au contraire, les parties adoptent la condition de *non-garantie* de mesure, voici la clause qu'il est d'usage d'insérer au
contrat, ou au cahier d'enchères, qui est admise par les chambres des notaires des avoués de Paris et à laquelle on se conforme généralement dans toute la France : « Sans aucune
» garantie des mesures ci-dessus indiquées, dont le plus ou le
» moins sera le profit ou la perte de l'acquéreur, lors même que
» la différence excéderait un vingtième. »

Quand l'une ou l'autre des deux clauses précédentes a été
insérée au contrat de vente, *il y a stipulation contraire* à l'article 1619, et cette dérogation, claire et précise, ne laisse aucun
doute sur l'intention des parties. Si aucune de ces deux clauses
n'a été stipulée dans le contrat, il en résulte que les parties ont
voulu rester *dans les termes de droit* et que la tolérance inférieure au vingtième, stipulée par l'article 1619, est seule applicable.

Les juges pourraient-ils diminuer ou augmenter cette fraction du vingtième, en faveur du vendeur ou de l'acquéreur?
Nous ne le pensons pas. En matière de poids et de mesures, les
chiffres qui déterminent une tolérance, en plus ou en moins,
sont d'ordre public, et l'appréciation du juge ne pourrait prévaloir sur le texte de la loi.

Prétendra-t-on que la clause de non-garantie peut être
exprimée en d'autres termes que ceux rappelés ci-dessus? Cela ne
serait pas admissible lorsque l'acte de vente aura été rédigé par
un notaire ou un avoué, car cette clause est *de style*, et les offi-
ciers ministériels comprennent toute l'importance qu'il y a à se
servir de formules étudiées et dont le sens a déjà été interprété

par la jurisprudence. En dehors de cette hypothèse, la présomption sera en faveur de l'acquéreur, surtout s'il avait acheté l'immeuble sans l'avoir visité et sans en avoir examiné préalablement le plan et les titres, car on ne pourrait pas supposer, à moins de stipulation contraire, qu'il a acheté au hasard, et sans exiger une rigoureuse garantie de mesure. Moins il a vérifié et visité, plus les garanties stipulées en sa faveur par le législateur doivent être rigoureusement interprétées.

Mais nous supposons qu'on insiste et que l'on cite des exemples de stipulations, qu'on prétend être exclusives de la garantie de mesure; nous en examinerons deux, et la réfutation que nous allons en faire, en quelques mots, pourra servir à repousser de même toutes les autres, qui ne seraient pas claires, précises et formelles.

Le mot *environ*, ajouté à l'énonciation de la mesure, est-il une stipulation de *non-garantie?* Oui, mais dans une très-faible proportion, en plus ou en moins. Pothier était d'avis que le mot *environ* ne dispensait le vendeur de la garantie de mesure que s'il ne manquait, par exemple, *que huit ou dix perches sur cinq arpents*, ce qui ne représenterait qu'un soixante-deuxième, ou un cinquantième de la contenance, c'est-à-dire moins de *deux pour cent.*

Aujourd'hui que l'article **1619** du Code Napoléon a fixé le maximum de la tolérance au vingtième, la question est circonscrite dans des limites légales.

La jurisprudence et la doctrine ont, depuis longtemps, reconnu que le mot *environ* ne s'appliquait qu'à ces légères différences de mesure, que rencontrent dans leur travail deux arpenteurs capables, mesurant, l'un après l'autre, la même propriété, sans se communiquer les éléments de leurs opérations : l'action de la lumière plus ou moins vive, des brouillards, de la sécheresse ou de l'humidité, du chaud ou du froid, apportent d'inévitables différences, dans la vision et le jalonnement, ainsi que dans la longueur de la chaîne d'arpen-

tage, qui se dilate ou se concrète, suivant les changements de
température ; mais ces différences sont ordinairement inférieures à 1 p. 100, et elles approchent de la tolérance admise dans
le poids des monnaies. Jamais le mot *environ* n'a d'ailleurs été
considéré comme dispensant le vendeur de la garantie, stipulée
à l'article 1619, quand la différence est d'un vingtième. La
doctrine et la jurisprudence sont d'accord à cet égard.

Passons maintenant à une autre prétention ; le contrat de
vente contiendrait les clauses ci-après :

« Le vendeur vend, *avec toutes les garanties de fait et de*
» *droit, tel immeuble* (suit la désignation), le tout d'une conte-
» nance d'environ cinq hectares, en un mot, *telle que ladite*
» *propriété a été acquise par le vendeur, de telle personne,*
» avec les constructions qu'il y a faites. le vendeur déclarant
» qu'il n'en a rien été distrait. » Or, s'il se trouve, comme dans
l'espèce citée plus haut, que les titres de propriété du vendeur
(inconnus au nouvel acquéreur, au moment de la signature de
la vente) n'indiquent qu'une acquisition de 3 hectares 03 ares
60 centiares, comment concilier cette énonciation avec l'objection soulevée ?

Si nous imitons la méthode employée pour la solution des
problèmes de mathématiques et que nous insérions cette dernière contenance dans la clause citée ci-dessus, nous aurons un
texte ainsi conçu : « le tout d'une contenance d'environ *cinq*
» *hectares, en un mot telle* que ladite propriété a été acquise,
» par le vendeur, de telle personne, comme ne contenant que
» 3 *hectares* 03 *ares* 60 *centiares* seulement ; » une pareille
clause serait un non-sens, et, d'après l'article 1602, elle devrait
s'interpréter contre le vendeur, à supposer qu'un vendeur ait
jamais eu la pensée d'énoncer une pareille contradiction et
qu'un acquéreur l'ait jamais acceptée.

Supposons que le vendeur dise à l'acquéreur :

« J'ai acheté 3 hectares 03 ares 60 centiares de monsieur
» Tel, et néanmoins je vous vends 5 hectares environ. » Ici, au

moins, la clause serait conçue en termes clairs, mais comment devrait-on faire pour l'expliquer? — La seule interprétation raisonnable serait celle-ci : « Je vous vends 5 hectares environ, » dont 3 hectares 03 ares 60 centiares, que j'ai achetés de » monsieur Tel et 1 hectare 96 ares 40 centiares, sur lesquels je » vous justifierai de mes droits de propriété, qui me viennent » d'une autre origine. »

L'acquéreur, connaissant la solvabilité du vendeur, n'aurait pas d'intérêt à exiger qu'on lui fournisse la justification des titres de propriété de 1 hectare 99 ares 40 centiares avant celle des 3 hectares 03 ares 60 centiares : la seule chose qui l'intéresserait, ce serait d'obtenir, d'abord, la livraison de 5 hectares environ pour le prix porté au contrat, ou bien une réduction proportionnelle du prix de vente, en cas de déficit, sauf à agiter plus tard la question de régularité des titres de propriété. Mais si le vendeur ne donne pas une explication nette et claire, l'acquéreur ne peut-il pas dire au vendeur :

« Vous m'avez vendu cinq hectares environ! Comment sa- » viez-vous qu'il y avait cette superficie? Vous l'aviez donc me- » surée vous-même ou fait mesurer par un homme de l'art? où » est le travail d'arpentage? Si vous m'aviez vendu cinq pièces » de vin, ou cinq pommiers, ou cinq vaches, le compte était » facile à faire; mais les hectares ne naissent pas tout nom- » brés comme les vaches ou les pommiers, et il faut un travail » assez compliqué pour les énumérer.

» Comme votre contrat d'acquisition ne porte que 3 hectares » environ et votre matrice cadastrale que 4 hectares environ, » vous avez donc un plan que vous me cachez et qui, pourtant, » m'appartient, car c'est un accessoire de la chose vendue?

» Et, si vous n'avez pas de plan, alors comment qualifier » votre énonciation de cinq hectares environ ? »

Ces mots : « telle que ladite propriété a été acquise, par le » vendeur, de telle personne, » ne peuvent pas s'appliquer à la *contenance*, mais seulement à la *désignation*, aux tenants et aux aboutissants; vouloir prétendre qu'ils équivalent à une clause de *non-garantie de mesure*, ce serait reconnaître implicitement que la rédaction n'a pas été faite loyalement, et qu'elle cachait un piége tendu à la bonne foi de l'acquéreur. En effet, si le vendeur avait voulu stipuler la *non-garantie de mesure*, il lui était facile de le dire franchement, au lieu d'avoir recours à une formule qui, d'une part, a un sens clair si elle s'applique à la description de l'immeuble et à ses tenants et aboutissants, mais qui, d'autre part, si elle ne signifie pas cela, devient obscure et ne pouvait avoir pour objet que de faire admettre par l'acquéreur une clause qu'il ne comprendrait jamais de la même façon que le vendeur. En effet, le vendeur savait très-bien qu'il n'avait acheté que 3 hectares 03 ares 60 centiares, tandis que l'acquéreur, qui n'avait pas assisté à cette vente faite plusieurs années auparavant, qui ne connaissait pas les titres de propriété, et qui n'avait jamais vu l'immeuble ni le pays, ne pouvait pas supposer qu'on lui vendait pour 5 *hectares environ* ce qui ne contenait que 3 *hectares environ*, d'après les titres de propriété. Vouloir donner à cette phrase un autre sens que celui de la désignation des tenants et des aboutissants équivaudrait à lui reconnaître un caractère de duplicité, exclusif de la bonne foi. Disons donc que c'est là une phrase sans portée, à moins qu'elle n'ait pour but d'indiquer le nom de l'ancien propriétaire et de s'en rapporter aux précédentes limites, mais que jamais une pareille phrase ne pourrait être considérée comme une clause exclusive de la garantie de mesure.

Lorsque le contrat de vente contient une désignation exacte par tenants et aboutissants, et notamment lorsque les limites sont fixées par des clôtures, telles que murs, haies, fossés, talus, routes impériales, à quoi peut servir d'y ajouter encore la contenance, si ce n'est au point de vue de la fixation du prix de la vente?

Cette indication de la contenance, par cela même qu'elle pourrait paraître superflue comme complément de la désignation des fonds de terre vendus, doit signifier quelque chose d'autre que cette désignation de l'immeuble : elle signifie donc que le vendeur GARANTIT à l'acquéreur que le sol, circonscrit par ces mêmes limites, CONTIENT BIEN RÉELLEMENT LA MESURE INDIQUÉE au contrat et que la différence de mesure devrait donner lieu à une modification du prix convenu. L'article 1157 du Code Napoléon vient confirmer cette manière de raisonner. En effet, si j'achète à *tant la mesure*, les tenants et aboutissants pourront ne pas servir beaucoup, à moins que ce ne soit pour déterminer à quelle place je veux que la terre acquise soit située, et, s'il y a des clôtures, cette place se trouvant suffisamment indiquée par les clôtures, des limites plus complètes seront superflues : comme la terre sera nécessairement mesurée pour déterminer le prix de la vente, l'indication de la contenance totale sera sans influence sérieuse quant au prix. Mais si j'achète un corps certain, en bloc, à un prix déterminé d'avance, et que néanmoins la mesure soit indiquée au contrat, cette indication ne peut pas avoir d'autre but qu'une garantie de contenance relativement au maintien du prix fixé d'avance.

C'est le principe qui a fait admettre, par l'article 1619 du code Napoléon, la garantie de la mesure, avec tolérance de moins du vingtième, même pour le cas où la vente est d'un corps certain et limité, s'il y a stipulation contraire. Cette stipulation contraire est une exception au droit commun, et elle doit être limitée aux termes précis dans lesquels elle est exprimée.

La position de celui qui ne reçoit pas la mesure promise est d'ailleurs plus intéressante que celle de celui qui la lui a promise et qui ne la lui livre pas, car le premier « combat pour » éviter un dommage, et le dernier pour s'approprier un gain » contraire à l'équité. »

6ᵉ CLASSE. —Comparaison de la contenance, soit réelle, soit promise au contrat, avec celle exprimée dans les précédents titres de propriété ou dans la matrice cadastrale. — Acquisition par prescription.

Pour ne pas multiplier les hypothèses , nous conserverons l'exemple que nous avons choisi plus haut, d'une vente dans laquelle le vendeur promet cinq hectares environ, tandis que ses titres ne lui accordent que 3 hectares 03 ares 60 centiares, et que la matrice cadastrale n'indique que 4 hectares 00 ares 41 centiares de contenance. Peut-on prétendre qu'en produisant de pareils titres de propriété on satisfait à la clause portant « qu'il sera fait un établissement de propriété régulier? » Lorsque celui qui, ne possédant que 3 hectares environ, suivant ses titres, qu'il connaît certainement, ou 4 hectares environ, suivant la matrice cadastrale, qu'il ne peut pas méconnaître, énonce donc un acte de vente fait à un acquéreur qui ne connaît ni les uns ni les autres, que la propriété ainsi aliénée contient cinq hectares environ, ne peut-on pas soutenir qu'il vend la chose d'autrui?

Quelle valeur peuvent avoir les anciens titres de propriété et la matrice cadastrale, relativement à la différence de mesure qui existe entre ces documents et l'acte de vente? Le vendeur peut-il prétendre qu'il est en règle parce qu'il possède? Peut-il invoquer en sa faveur la prescription, comme un moyen régulier d'acquérir la propriété?

Toutes ces questions, extrêmement graves, exigeraient des développements que l'étendue de cet ouvrage ne comporte pas. Sans les approfondir, comme elles le mériteraient, nous dirons que, pour prescrire, il faut posséder à titre de propriétaire et être de bonne foi, et que la jurisprudence n'accorde pas cette condition à celui qui possède contrairement à son titre de propriété; qu'à l'égard du cadastre, il ne fait pas foi contre les

titres de propriété et qu'il pourrait seulement les suppléer s'il
n'en existait pas, car il prouverait une possession ancienne. En
tout cas, un pareil état de choses est bien loin d'un établissement de propriété régulier, pour la *totalité* de la chose vendue,
puisqu'il n'existe de titres que pour *une portion* de l'immeuble,
d'une moindre contenance que la chose vendue.

Dans une pareille situation l'acquéreur ne pourrait pas se li-
bérer valablement envers son vendeur de la totalité du prix
d'acquisition, mais seulement d'une quotité égale à l'importance
des titres produits. Il faut remarquer que, par cela seul que le
vendeur s'appuie sur des titres et documents fournis par lui et
indiquant une contenance moindre que celle promise à l'acquéreur, aux termes du nouveau contrat de vente, par ce seul fait
le vendeur reconnaît qu'il existe une différence en moins, et
l'acquéreur n'a plus besoin d'en prouver l'existence ; et si le
vendeur la conteste, c'est à lui de fournir la preuve qu'elle
n'existe pas, puisqu'il devient demandeur dans son exception.
Jusqu'à cette preuve, le nouvel acquéreur est fondé à refuser le
payement intégral du prix convenu et à exercer une retenue
égale à la valeur de la superficie promise et non livrée. Sous ce
dernier rapport, c'est à l'acquéreur, qui demande cette réduction de prix, d'en provoquer la liquidation au moyen d'une évaluation amiable ou judiciaire, et ce dernier mode entraîne nécessairement une expertise qu'il doit réclamer.

7ᵉ CLASSE. — Vente de la chose d'autrui.

Supposons que, dans le même contrat de vente, sous signatures privées, que nous avons déjà pris pour exemple, on
trouve les passages suivants :

« Le vendeur vend, *avec toutes les garanties* de fait et de
» droit, *telle* propriété, consistant en une maison et dépendan-
» ces, jardins, vignes, *bois*, le tout d'un seul tenant, clos de
» murs et de haies, et un verger, avec terre et pré, planté de

» noyers, le tout d'une contenance d'environ cinq hectares, en
» un mot telle que ladite propriété a été acquise, par le ven-
» deur, de M. *Tel; ainsi que le tout se poursuit et comporte,
» sans exception ni réserve*; l'acquéreur supportera les *servi-
» tudes passives* et profitera de celles actives; déclare le ven-
» deur qu'*il n'en a concédé aucune;* »

Supposons, qu'avant la vente, le vendeur ait fait imprimer et
distribuer une annonce-prospectus, où l'on trouve notamment
ce qui suit : « A vendre une propriété composée de maison,
» jardin, bois d'agrément, de caves dans le rocher, capables
» de contenir 2,000 pièces, le tout de la contenance de cinq hec-
» tares environ; »

Supposons encore que, six semaines après la vente et au moment de la réaliser en acte notarié, le vendeur ait communiqué
à l'acquéreur un projet de contrat indiquant que , *sous le bois
vendu,* il se trouve plusieurs caves, parmi lesquelles il y en a
trois, *appartenant à trois propriétaires différents* et qui ne
font pas partie de la vente.

Dans cette hypothèse, le vendeur n'a-t-il pas vendu à l'acquéreur, en même temps que le *bois d'agrément, les trois caves*
qui, creusées sous ce *bois d'agrément,* sont *dans le rocher,* et
qu'il prétend aujourd'hui appartenir à trois propriétaires? n'a-
t-il pas vendu la chose d'autrui? Cette situation nous suggère
les observations suivantes :

Par la lecture de la notice-prospectus mentionnée ci-dessus,
l'acquéreur a été informé que de vastes caves creusées dans le rocher dépendaient de la propriété, et comme la mention des *caves
dans le rocher* suit immédiatement celle du *bois d'agrément,*
sous lequel ces caves sont creusées, il a dû croire que toutes
ces caves lui appartenaient, puisqu'on n'en avait excepté aucune et puisqu'on lui avait vendu la propriété tout entière,
ainsi que *le tout se poursuivait et comportait sans exception ni
réserve.* Néanmoins, nous supposons que le vendeur, ne pouvant
pas livrer trois des caves existantes, parce que, en fait, elles

appartenaient à trois autres propriétaires étrangers, cherche des explications qui l'en dispensent et lui permettent de toucher néanmoins l'intégralité du prix convenu, et qu'il prétende, par exemple, qu'ayant acheté la propriété, quoique les trois caves en fussent exclues, il n'avait pas besoin d'en faire mention dans le nouveau contrat de vente sous signatures privées; qu'il y a beaucoup de caves, ainsi taillées dans le roc, appartenant à d'autres que le propriétaire du sol, dans le pays où se trouve située la propriété vendue; que l'existence de ces trois caves, appartenant à des tiers, ne cause aucun préjudice au nouvel acquéreur; que ce ne sont là que des servitudes établies par ses auteurs et que le nouvel acquéreur doit les souffrir, puis qu'il s'est engagé à supporter les servitudes passives.

Nous allons examiner successivement chacune de ces objections.

1ᵉʳ Argument. — Réticence et pacte obscur.

Si l'acquéreur a cru devoir acheter la propriété, quoique les trois caves en fussent exclues, c'est d'abord qu'il en avait été prévenu avant de conclure l'affaire, qu'elle lui avait convenu même sans ces trois caves, qu'il avait calculé le prix d'achat en conséquence et ensuite parce que son contrat d'acquisition en contenait la convention formelle et précise. Mais si son contrat n'avait pas excepté ces caves, aurait-il été aussi accommodant? cela ne pouvait pas d'ailleurs le dispenser de faire une pareille déclaration, lorsqu'il a revendu à son tour. Tout au contraire, l'exemple du passé devait lui servir de guide, et il ne saurait prétexter cause d'ignorance à cet égard.

Si malgré l'existence de ces trois caves, il s'est décidé à acquérir l'immeuble, c'est que la chose lui a convenu, après qu'il a délibéré sur des circonstaces qu'il connaissait, à la différence du nouvel acquéreur, qui ignorait le droit de propriété des trois étrangers sur ces trois caves. On expliquerait d'ailleurs la facilité du vendeur à conclure cette vente s'il n'avait acheté que 30,000 fr., nous le supposons, ce que quatre ans plus tard il a revendu 130,000 fr. au nouvel acquéreur.

Si le vendeur prétendait qu'il a exclu de la nouvelle vente les trois caves litigieuses, en insérant, dans l'acte sous seings privés cette phrase : « telle que ladite propriété a été acquise, par le » vendeur, de M. Tel, » et que, son auteur ayant exclu ces trois caves de la vente faite à son profit, la conséquence naturelle était qu'elles fussent pareillement exclues de la nouvelle vente, l'acquéreur n'aurait qu'à répondre que, dans l'hypothèse où nous nous sommes placés, il n'a jamais eu connaissance de la vente faite au vendeur par son auteur, car il n'a pas assisté à cette vente et n'en a jamais reçu le contrat en communication, avant d'avoir acheté cette propriété : comment donc aurait-il pu savoir que l'intention de son vendeur était, en se fondant sur le texte de son propre contrat d'acquisition, d'exclure une partie quelconque de l'immeuble de cette vente, quand, au contraire, le nouvel acte porte qu'elle est faite AVEC TOUTES LES GARANTIES *de fait et de droit,* SANS EXCEPTION NI RÉSERVE? Certes, en présence de clauses générales aussi claires, aussi précises, aussi formelles et aussi étendues que celles stipulées au nouveau contrat, il aurait fallu y insérer, avec une pareille précision, une pareille clarté et aussi formellement, des *exceptions* et des *réserves,* qui fussent de nature à détruire la clause portant : AVEC TOUTES LES GARANTIES ET SANS EXCEPTION NI RÉSERVE, pour que le vendeur pût prétendre qu'il avait exclu de la vente une partie quelconque du domaine qui s'y trouve nommé, désigné et qui est vendu en totalité. La désignation de ce domaine, insérée au contrat, comprend un BOIS, et elle ne porte pas que *la superficie* SEULE de ce bois fait partie de la vente, et que les *caves creusées dans le rocher,* sous ce bois, *en sont* EXCLUES : tout au contraire, la notice-prospectus indique les *caves dans le rocher* immédiatement après le *bois d'agrément,* comme pour expliquer que le bois, *avec* les caves, est compris dans la vente et sans mentionner aucune *exception* : c'était cependant le lieu de formuler une pareille exclusion, et l'article 1602 du Code Napoléon imposait au vendeur l'obligation d'expliquer *clairement* cette exclusion, cette exception, cette réserve, car toute stipulation obscure et ambiguë doit s'interpréter contre lui et pourrait être considérée comme un piége tendu à la bonne foi de l'acquéreur.

Les plus simples notions de la logique, d'accord en cela avec l'article 1161 du Code Napoléon, enseignent que « toutes les » clauses des conventions s'interprètent les unes par les autres, » en donnant à chacune le sens qui résulte de l'acte entier, » et à l'article 1157 on voit que « lorsqu'une clause est suscep- » tible de deux sens, on doit plutôt l'entendre dans celui avec » lequel elle peut avoir quelque effet que dans le sens avec » lequel elle n'en pourrait produire aucun. » Or, quel effet pourrait-on attribuer à la clause avec toutes les garanties de fait et de droit et à celle : sans exception ni réserve, si ce n'était celui de conserver intactes les expressions : « consistant en *un bois*, » insérées dans la désignation de l'immeuble vendu?

D'après l'article 552 du Code Napoléon, « la propriété du *sol* » emporte la propriété du *dessus* et du *dessous*. » Si donc le vendeur a aliéné le *bois* en question, sans en exclure les caves qui étaient dessous, il a vendu au nouvel acquéreur le *dessus* et le *dessous*, et, comme conséquence, il lui a vendu aussi les trois caves litigieuses : en un mot, il lui a vendu *la chose d'autrui*. Or, d'après l'article 1599 du même Code, la vente de la chose d'autrui étant nulle, mais pouvant donner lieu à des dommages et intérêts, lorsque l'acheteur a ignoré que la chose fût à autrui, il s'ensuit que le vendeur doit au nouvel acquéreur des dommages et intérêts égaux au préjudice que lui cause la privation de ces trois caves, d'autant plus que, d'après l'article 1602, le vendeur est tenu d'expliquer clairement ce à quoi il s'oblige et que tout pacte obscur et ambigu s'interprète contre lui.

En principe, ce qui est nul ne peut produire aucun effet ; néanmoins, si l'article 1599 du Code Napoléon, tout en frappant de nullité la vente de la chose d'autrui, semble lui faire produire un effet, celui de donner lieu à des dommages et intérêts au profit de l'acquéreur, qui a ignoré que la chose fût à autrui, cette disposition n'est cependant pas contraire au principe que nous venons d'énoncer, car, dans cette vente, ce qui donne lieu aux dommages et intérêts, ce sont le fait et la faute du vendeur, qui ont causé un préjudice à l'acquéreur, soit en le privant d'une chose sur laquelle il comptait et qui avait pu contribuer à lui faire conclure la convention, soit en l'obligeant à payer un prix d'achat pour une chose qui ne peut pas lui être livrée. Ce préjudice, le fait et la faute du vendeur, constituent les trois conditions qui, d'après l'article 1382 du Code Napoléon, donnent lieu à des dommages et intérêts, tout en prononçant la nullité de la vente de la chose d'autrui à l'égard du tiers possesseur, qui ne peut pas en être dépouillé.

Or, ici nous trouvons le *fait* du vendeur, qui a vendu le dessus et le dessous, puisqu'il a vendu le sol, *sans exprimer aucune exclusion* ; nous y trouvons sa *faute*, car il ne s'est pas conformé à l'article 1602 du Code Napoléon et n'a pas expliqué *clairement* qu'il y avait des caves appartenant à autrui ; enfin, le *dommage* éprouvé par l'acquéreur, qui paye le prix d'un immeuble *entier* et n'en *reçoit qu'une partie* : on arrive ainsi au même but que par l'application de l'article 1599.

Si le vendeur prétendait que le nouvel acquéreur, qui, nous le supposons, n'a jamais vu les titres de propriété, ni visité l'immeuble, avant la vente, savait que la chose appartenait à autrui, ce serait au vendeur à en fournir la preuve, car il serait demandeur dans son exception.

2ᵉ Argument. — *Usages locaux.*

Peu importerait qu'il y eût beaucoup de caves ainsi taillées dans le roc, appartenant à d'autres que le propriétaire du sol,

dans le pays où se trouve la propriété vendue : cela ne saurait
dispenser les propriétaires du sol, quand ils vendent leurs immeubles, de mentionner que les caves en question ne font pas
partie de la vente : apportât-on la preuve authentique que l'u-
sage constant et habituel du pays est de vendre le sol, sans
faire mention des caves ainsi taillées dans le roc et appartenant
à d'autres, que cet usage ne saurait prévaloir contre le texte
formel des articles 552, 1599, 1602, 1641 et 1645 du Code Napoléon, cités plus haut, articles qui ne se réfèrent en aucune
façon à des usages locaux, et cela même dans le cas où la vente
serait consentie à un habitant du pays. A plus forte raison si
cette vente était faite, comme dans l'espèce, à une personne
étrangère au pays, qui n'y a jamais été, et qui n'a jamais visité
l'immeuble dont il s'agit et si l'acte en était signé dans un autre
pays où rien de pareil n'est en usage.

Cette observation nous conduit à apprécier quelles peuvent
être les conséquences d'usages locaux et dans quelles circonstances ils peuvent être pris en considération. Le principe général en France est que la loi écrite est obligatoire pour tous, à
moins qu'elle ne contienne elle-même des exceptions aux règles
générales tracées par elle, et la doctrine a établi les conditions
exigées pour que les usages auxquels la loi renvoie, fassent
autorité. Il faut qu'ils soient : 1° uniformes ; 2° publics ;
3° multipliés ; 4° observés par la généralité des habitants; 5° réi-
térés pendant un long espace de temps ; 6° constamment to-
lérés par le législateur ; 7° et qu'ils n'aient rien de contraire à
l'ordre public et aux bonnes mœurs. Les juges ne doivent et ne
peuvent fonder leurs décisions sur des usages, que dans les cas
spéciaux où la loi s'y réfère d'une manière expresse; car la loi
du 30 ventôse an XII a abrogé les anciennes lois et les cou-
tumes ou usages se rapportant aux matières régies par le Code
Napoléon. Or, ce Code ne contient que vingt articles se réfé-
rant aux usages locaux, notamment en ce qui concerne les
baux, les coupes de bois, les distances requises pour certains

ouvrages, les plantations d'arbres, les réparations locatives, en un mot pour des cas étrangers à celui qui nous occupe. Les usages locaux n'ont donc qu'une valeur limitée par la loi.

A défaut de titre ou possession contraire, toute cave est réputée appartenir au propriétaire de l'édifice sous lequel elle est établie. (Répertoire du Journal du Palais. Vᵒ *cave*.) La production du titre ou la justification de la possession contraire, est donc nécessaire pour détruire l'effet de la présomption légale, résultant de l'article 552 du Code Napoléon.

Il existe en France, dans quelques départements, des maisons dont les différents étages appartiennent à divers propriétaires et l'article 664 du Code Napoléon trace leur mode de réparation et de reconstruction, si les titres ne l'ont pas réglé.

La première remarque à faire est que cet article se trouve placé sous le titre des *Servitudes :* cela vient de ce que l'obligation, imposée aux étages inférieurs, de supporter les étages supérieurs, est une véritable servitude et que les murs du bâtiment sont mitoyens. Mais là s'arrête la servitude : un des étages n'est nullement la servitude de l'autre, puisque chaque étage constitue une propriété distincte, séparée, divise, qui peut s'aliéner et s'hypothéquer isolément, par son propriétaire seul, sans le concours des propriétaires des autres étages et, sous ce rapport, ces maisons sont soumises, comme les autres, aux règles tracées au titre *de la Vente.*

La seconde remarque consiste à dire que si le propriétaire d'un seul de ces divers étages veut le vendre même à un habitant de cette maison, ou de cette rue, ou du même quartier, qui a une parfaite connaissance de cet état de partage de la maison entre différents propriétaires, il aura néanmoins le soin de spécifier qu'il ne lui vend qu'un seul étage de cette maison, et il le désignera avec clarté, pour éviter toute confusion. S'il avait simplement vendu *sa maison*, située dans telle ville, dans telle rue, à tel numéro. sans dire que plusieurs étages de cette maison ne lui appartenaient pas, il se serait exposé à laisser croire à l'acquéreur qu'il lui vendait la maison tout entière et qu'il avait racheté les droits des propriétaires des autres étages, et il aurait ainsi pu vendre la chose d'autrui.— Il faut bien admettre qu'il y a des cas où l'on vend la chose d'autrui, sans quoi les articles du Code Napoléon, qui traitent de cette question, n'auraient pas de sens et seraient superflus. — Mais si notre propriétaire, au lieu de vendre son étage à un habitant de la même maison, de la même rue, du même quartier, traitait avec une personne étrangère à la ville, au département, à la contrée, qui ne connaît pas la localité et qui n'a pas vu les titres de propriété; dans ce cas l'acquéreur pourrait parfaitement avoir cru et prétendre qu'il a acheté la maison tout entière, s'il n'y a pas eu dans le nouveau contrat une stipulation précise indiquant que les autres étages sont exclus de la vente, et surtout si le vendeur a reçu un prix égal à quatre fois le prix auquel lui-même avait acheté son étage. — Cet exemple, puisé dans les dispositions mêmes du code Napoléon, qui a bien plus de force que de simples usages locaux, offre la plus complète analogie avec l'exemple des trois caves creusées dans le roc sous le bois.

Dans l'un comme dans l'autre cas, les propriétés sont divisées et distinctes; mais, de même que la propriété du sol comprend légalement celle du dessus et du dessous, de même une maison forme légalement une seule propriété dans les conditions ordinaires. Les exemples que nous citons ici, sont des *exceptions* à la règle générale, et un acquéreur, étranger au pays, que l'on ne prévient pas de cette division, soit du sol, soit de la maison, ne peut pas deviner que ce bien qu'on lui offre est démembré par tranches superposées. Si le vendeur lui vend son bois ou sa maison, sans qu'il explique dans l'acte de vente que sous ce bois il y a des caves, ou que dans cette maison il y a des étages appartenant à d'autres propriétaires et qui sont formellement exclus de cette nouvelle vente, évidemment cet acquéreur croira qu'on lui vend la totalité de l'immeuble et acceptera un prix correspondant à cette totalité et plus élevé que celui qu'il aurait accordé, si on ne lui avait vendu seulement qu'une partie de la propriété. — On voit que les usages locaux ne changent rien à cette question, puisqu'elle est entièrement la même dans une hypothèse formellement prévue au Code Napoléon, plus fort que tous les usages locaux de France.

Au surplus, par cela seul que le vendeur a inséré la mention des trois caves appartenant à trois propriétaires différents, dans son projet de contrat notarié, communiqué six semaines après la vente, par cela seul, il a reconnu que cette mention était nécessaire pour exclure les trois caves de la vente du bois : il ne peut donc plus prétendre que cette mention dans l'acte sous signature privée était superflue et qu'il a pu l'omettre.

3e Argument. — *Dommage qui peut être la suite de réticence ou d'obscurité.*

L'assertion que l'existence de ces trois caves, appartenant à des tiers, ne causerait aucun préjudice au nouvel acquéreur, ne serait pas soutenable.

Supposez que le nouvel acquéreur veuille vendre, en tout ou en partie, sa nouvelle propriété, l'échanger ou l'hypothéquer, ou qu'elle devienne soumise à une expropriation forcée pour cause d'utilité publique, ou qu'il veuille y faire creuser un puits, ou en extraire de la pierre, ou y construire un bâtiment, une glacière ou même des caves, pour les louer à d'autres ou enfin *user et abuser* de sa chose comme il l'entendra, les trois propriétaires étrangers viendront le contrecarrer dans tous ses projets : le bon sens indique d'ailleurs que la chose entière a plus de prix qu'une partie de la même chose, et qu'en obtenant livraison de la *partie* seulement, on ne doit pas payer le prix de la chose tout *entière*. Mais ce n'est là qu'un des côtés de la question; en voici un autre : Le nouvel acquéreur a pensé acheter des droits de toute propriété sur le sol et, par suite de l'existence de trois propriétés privées, démembrées du tout, il restera soumis, même pour la seule jouissance de la superficie, à de très-sérieuses servitudes, qu'il ne pouvait soupçonner, car elles ne seront pas la conséquence d'une situation ordinaire qui devait lui faire supposer l'existence de servitudes habituelles; elles naîtront d'une situation tout exceptionnelle, et auront des conséquences anormales, auxquelles il ne devait pas s'attendre. Ainsi il ne pourra ni creuser le sol, ni y construire des fondations, ni changer la nature de la culture, ni établir des usines et des conduites d'eau, sans craindre que les propriétaires des caves ne viennent trouver mauvais un pareil changement de l'état des lieux et l'entraver dans tous ses projets, en prétendant que de tels travaux et de telles modifications mettent en péril l'existence de ces trois caves et des marchandises qu'elles renferment. Le bon sens indique qu'il y a là, pour le nouvel acquéreur, la privation d'une jouissance paisible qu'il était en droit d'espérer, un préjudice très-sérieux et une cause évidente de dommages et intérêts.

Il peut en coûter cher à un vendeur de ne pas déclarer l'existence d'un souterrain, appartenant à un tiers, et creusé sous la propriété qu'il vend. En voici un exemple assez significatif, qui ne date que de quelques années.

M. le comte de L...., possédait un vaste hôtel rue d'Angoulême, faubourg Saint-Honoré. Depuis fort longtemps et avant même qu'il en devînt propriétaire, un égout, entièrement voûté, traversait son immeuble et personne ne songeait à s'en plaindre. L'existence de cet égout était, dans le quartier, un fait tellement notoire, que, M. le comte de L... ayant vendu son hôtel, on ne songea pas à mentionner l'égout dans le contrat, pensant que c'était un soin superflu et que la notoriété suffisait. L'acquéreur en jugea autrement. Ayant introduit une demande en justice il a obtenu, à titre de dommages et intérêts, une réduction de 200,000 fr. sur le prix de vente, qui était d'un million, le vendeur ayant omis d'accomplir l'obligation que lui imposaient les articles 1602 et 1641 du Code Napoléon. Il est à remarquer que l'hôtel en question n'était pas le seul immeuble traversé par cet égout, dont le parcours est fort long ; que beaucoup d'autres exemples de faits pareils existent dans Paris, et qu'il est probable que, prochainement, l'égout que nous citons sera supprimé et remplacé par une partie des magnifiques travaux de canalisation souterraine, qui s'exécutent dans la capitale. Ces considérations puissantes n'ont pas empêché d'obtenir cette diminution sur le prix de vente, parce que le vendeur connaissait l'existence de ce souterrain, appartenant à autrui, et ne l'avait pas déclarée au contrat.

L'article 1641 dispose que « le vendeur est tenu de la garantie, » à raison des défauts cachés de la chose vendue, qui la ren- » dent impropre à l'usage auquel on la destine, ou qui dimi- » nuent tellement cet usage, que l'acquéreur ne l'aurait pas » acquise, ou n'en aurait donné qu'un prix moindre, s'il les » avait connus. »

L'article 1645 porte aussi que, « si le vendeur connaissait les » vices de la chose, il est tenu, outre la restitution du prix qu'il » en a reçu, de tous dommages et intérêts envers l'acheteur. »

D'où il résulte que l'action en dommages et intérêts peut s'intenter même après le payement du prix.

L'existence des trois caves, appartenant à des tiers, sous le sol vendu, existence inconnue de l'acquéreur, et non déclarée par le vendeur, puisque la vente a été faite, au contraire, « avec » TOUTE GARANTIE *de fait et de droit*, SANS EXCEPTION NI RÉ- » SERVE, » constitue un défaut caché, qui diminue l'usage de la chose vendue et aurait amené une réduction sur le prix si l'acquéreur avait connu ce défaut caché. Cela est tellement évident par soi-même qu'il serait superflu de vouloir démontrer que les articles 1641 et 1645 sont applicables.

4° ARGUMENT. — *Différence entre un droit de propriété
et un droit de servitude.*

Le vendeur ne pourrait pas soutenir que l'existence de ces
trois caves, appartenant à des tiers, constitue une *servitude,*
établie par ses auteurs et que doit supporter le nouvel acquéreur, en vertu de la clause qui a mis à sa charge les servitudes
passives.

En effet, qu'est-ce qu'une servitude? L'article 637 du Code
Napoléon répond : « Une servitude est une charge imposée *sur*
» *un héritage,* pour l'usage et l'utilité *d'un héritage* apparte-
» nant à un autre propriétaire. »

La rédaction de cet article éloigne tout d'abord l'idée d'une
servitude souterraine : c'est *sur* l'héritage, et non *sous* l'héritage asservi, que s'exercent ordinairement les droits de servitude, par exemple ceux de passage, de vue et d'égout des toits.
Si ces servitudes devaient s'exercer dessous, elles ne seraient
pas apparentes et mériteraient une mention toute spéciale.

L'article 553 du Code Napoléon, en parlant d'un *souterrain*
acquis sous le bâtiment d'autrui, qualifie cette possession de
droit de propriété, et non pas de servitude, et il en parle sous le
titre II, *de la Propriété,* et non pas sous le titre IV, *des Servitudes.*

La servitude n'est pas même un droit de *copropriété* du fonds
asservi; elle n'est qu'un droit de *cojouissance indivise,* sur
une fraction de l'héritage : à plus forte raison n'entraîne-t-elle
pas une jouissance absolue et divise de cette même portion du
fonds et encore moins sa propriété privée. Ainsi une cave, ayant
une entrée distincte et séparée, dont un tiers seul a la clef et
où le propriétaire de la superficie n'a pas le droit de pénétrer,
ne rentre, en aucune façon, dans la définition, donnée par l'article 637, de la servitude, qu'on ne peut pas concevoir sans
trouver *deux héritages distincts,* dont l'un est appelé fonds *do-*

minant et l'autre fonds *asservi*. Dans l'espèce qui nous occupe, il y a un fractionnement de l'immeuble, une espèce de partage matériel du sol et la cave est une propriété distincte et complète, tout aussi bien que le bois sous lequel elle est creusée. Elle ne peut pas être à la fois et la servitude, qui repose toujours sur le *fonds asservi*, et le *fonds dominant*, qui doit être distinct et séparé du fonds asservi. On ne peut donc pas retrouver les trois conditions indispensables à une servitude : d'abord cette servitude et ensuite deux fonds distincts, à savoir : le fonds dominant et le fonds asservi. Chacune des trois caves litigieuses constitue une propriété particulière et distincte, et devait être mentionnée, comme limite de l'immeuble vendu, dans la nomenclature des tenants et aboutissants de la propriété dont il s'agit. Cette omission est une faute de la part du vendeur, qui devrait déjà la réparation du dommage, en vertu de l'article 1382 du Code Napoléon, si l'article 1599, combiné avec l'article 1602, ne prononçait pas l'obligation de les supporter, dans le cas spécial d'une vente d'immeubles, qui comprendrait la chose d'autrui.

Enfin, à supposer, ce qui est impossible, que l'existence des trois caves fût assimilée à une servitude, examinons la portée de la clause insérée au contrat, dans l'exemple cité plus haut et ainsi conçu : « L'acquéreur prendra l'immeuble dans l'état où » il se trouve aujourd'hui. — Il supportera les servitudes pas- » sives et profitera de celles actives. Déclare le vendeur qu'il » n'en a concédé aucune. »

Ce dernier membre de phrase, sous une apparence de bonhomie, contiendrait une réticence fort remarquable. A la première lecture il semblerait que cela signifie : « Je ne crois pas » qu'il existe de servitude, je n'en ai concédé aucune, mais je » ne sais pas ce qui a pu se faire avant moi, et je ne réponds de » rien. »

Mais, si l'on rapprochait cette phrase de l'acte d'acquisition du vendeur, on ne pourrait pas admettre que celui qui l'a rédigée et signée ait eu la prétention de se trouver placé dans l'hypothèse prévue par l'article 550 du Code Napoléon, relativement à la question de bonne foi.

Le bons sens indique que cette phrase aurait du être rédigée ainsi : « Déclare le vendeur qu'il n'en a concédé aucune, » mais que ses auteurs ont concédé *tels droits*. » L'absence de ce complément de déclaration formerait une réticence contraire aux obligations que l'article 1602 du Code Napoléon impose au vendeur.

L'existence de trois caves sous un bois est un fait si grave, si contraire à ce qui se pratique journellement, qu'il ne peut entrer dans l'esprit de personne de le considérer comme une chose toute simple, allant de soi, et dont il est complétement inutile de faire mention dans un contrat de vente et surtout quand on traite avec un acquéreur étranger au pays et qui n'y a jamais été. La clause de supporter les servitudes ne serait jamais applicable aux trois caves litigieuses.

5ᵉ ARGUMENT. — *Prétentions contradictoires*

Dans les exemples que nous venons de citer plus haut, nous avons supposé que le contrat de vente ne parlait pas du tout des caves creusées dans le rocher, mais que la notice-prospectus seule en faisait mention. Nous supposerons que les caves existantes sont au nombre de huit ; que le vendeur prétend que les trois dont nous venons de parler, et qui appartiendraient à trois propriétaires étrangers, sont exclues de la vente, tandis que les cinq autres en feraient partie; que l'une des cinq serait réservée au service des habitants du château et que les quatre autres seraient louées à des commerçants de la ville voisine, qui en payeraient le loyer au nouvel acquéreur; enfin, nous supposons encore que la notice-prospectus, tout en mentionnant l'existence des caves, n'en aurait pas déterminé le nombre, mais aurait dit seulement dans sa description : « Bois d'agrément,

» caves dans le rocher, capables de contenir plus de 2,000
» pièces. »

Le vendeur a-t-il accompli les obligations que lui impose
l'article 1602 du Code Napoléon, en omettant d'écrire, dans
cette notice-prospectus : « Parmi les caves, creusées dans le
» rocher, sous le bois d'agrément, il y en a trois, appartenant
» à MM. *tel, tel et tel*, qui ne feront pas partie de la vente? »
S'il ne l'a pas dit, l'acquéreur n'a-t-il pas dû croire que toute
cave, creusée dans le rocher, sous le bois d'agrément, lui appartenait, d'après le principe général consacré par l'article 552,
puisque aucune des caves ne faisait l'objet d'une exception, ou
d'une exclusion, et que la vente avait lieu *sans exception ni
réserve* ?

Le vendeur ne vient-il pas se contredire et se condamner lui-
même lorsque, après sa notice-prospectus, qui ne fait aucune
distinction, ni aucune réserve et n'énonce aucune exception relativement aux caves, et après la signature de la vente, qui ne
parle pas du tout des caves mais qui stipule *toutes les garanties
de fait et de droit* et contient la clause *sans exception ni réserve*, il vient établir arbitrairement des distictions, des exceptions, des réserves et des exclusions ?

Pourquoi les cinq caves, que le vendeur concède à l'acquéreur, appartiennent-elles à ce dernier, quoique non mention-
nées au contrat ? C'est en vertu du principe, consacré par
l'article 552, portant que la propriété du sol comporte la propriété du dessus et du dessous. Mais les trois autres caves, que
le vendeur prétend exclure de la vente, sont identiquement
placées dans une situation pareille aux cinq autres, que le vendeur concède à l'acquéreur ; ces trois caves devraient donc lui
appartenir tout aussi bien que les cinq autres.

Dira-t-on que le vendeur ne concède pas les cinq premières
caves, comme une conséquence de l'article 552, mais comme
une conséquence de son contrat d'acquisition, qui lui a trans-
mis la propriété des cinq premières caves et lui a refusé la pro-

priété des trois autres?— L'acquéreur pourra répondre que les stipulations du contrat d'acquisition du vendeur ne peuvent pas avoir pour effet de suspendre l'exécution de l'article 552, à l'égard du nouvel acquéreur, *tiers étranger à ce contrat d'acquisition,* qu'il ne connaissait pas; que le vendeur n'est pas libre d'exécuter l'article 552 pour une portion des caves et de s'y soustraire pour le surplus, puisque la loi est générale et obligatoire pour tous et pour tous les biens; que lui, acquéreur ne connaissait pas le contrat d'acquisition du vendeur et n'a pas pu deviner les motifs particuliers, que le vendeur ne fait valoir qu'après coup et trop tard; qu'il aurait dû, pour accomplir les obligations que l'article 1602 lui imposait, mentionner cette réserve, cette exception, dans la notice-prospectus et surtout dans le dernier acte de vente; qu'en omettant de le faire, sa réticence a induit en erreur le nouvel acquéreur, qui devait compter sur l'exécution de l'article 552, contre lequel le vendeur n'a fait ni exception ni réserve dans l'acte de vente; que l'existence de trois caves, appartenant à trois propriétaires étrangers, non mentionnée dans la notice-prospectus et dans le contrat de vente, constitue un défaut caché, que le vendeur aurait du déclarer pareillement, en conformité des articles 1641 et 1645, et dont il est garant envers l'acquéreur, à qui il a vendu avec *toutes les garanties de fait et de droit;* que cette erreur de l'acquéreur a eu pour résultat de le faire consentir à allouer au vendeur un prix d'acquisition beaucoup plus élevé que celui qu'il aurait admis s'il avait connu ce défaut caché, cette existence de trois caves appartenant à autrui; que le vendeur lui doit des dommages et intérêts égaux au préjudice qu'il en éprouve et que le vendeur s'est condamné lui-même en concédant à l'acquéreur et en lui livrant cinq des caves creusées dans le roc, sous le bois d'agrément et en refusant de lui livrer les trois autres caves, ou de lui accorder une diminution de prix proportionnée et équivalente, car les cinq premières caves, aussi bien que les trois autres, sont omises dans le contrat de

vente, comme indication superflue, en présence du principe
consacré par l'article 552, que la propriété du sol comporte la
propriété du dessus et du dessous, et qu'en vendant le sol à
l'acquéreur, sans faire aucune exception ni réserve, il lui a
vendu le dessus et le dessous, pour toutes les huit caves. Pourait-on dire que l'article 1650 du Code Napoléon oblige l'acquéreur à payer l'intégralité du prix d'acquisition, bien que le
vendeur n'exécute qu'en partie l'obligation de livrer le sol, c'est-
à-dire, d'après l'article 552 du même Code, la propriété de tout
le dessus et de tout le dessous? L'acquéreur ne peut-il pas se
prévaloir de ce que le vendeur lui livre cinq caves sur huit,
pour obtenir la livraison des trois autres, ou une réduction de
prix équivalente au préjudice que lui cause cette non-délivrance?
Par cette contradiction, le vendeur ne s'est-il pas condamné
d'avance? La solution de toutes ces questions ne nous semble
pas douteuse.

C'est ainsi que peuvent se réfuter toutes les objections, que
ferait le vendeur. Ici se terminent nos observations sur la mesure du sol.

9ᵉ SUBDIVISION. — **De la nécessité de se prémunir contre
la fraude.**

Nous n'avons pas la pensée de faire ici un traité spécial sur
la fraude, qui se cache sous une multitude infinie de combinaisons différentes. Nous dirons seulement que le dol peut se
commettre au moyen de dissimulation et de réticence, et qu'on
l'appelle alors *négatif*, ou bien par des manœuvres extérieures,
et qu'il est alors *positif*.

Lorsque vous visiterez un terrain, méfiez-vous des préve-
nances extrêmes d'un *cicerone*, qui pourraient vous empêcher
d'apercevoir des inconvénients apparents en détournant votre
attention par l'énumération des avantages de la propriété.

comme aussi d'un laconisme exagéré, qui vous laisserait ignorer des défauts cachés, et des servitudes occultes.

Qu'on nous permette de citer un exemple, qui n'est pas nouveau, puis qu'il remonte à dix-neuf cents ans, mais qu'on croirait arrivé hier. Cicéron le rapporte ainsi qu'il suit, livre 3, § 14, *de Officiis.*

Un chevalier romain, nommé C. Canius, homme aimable et passablement lettré, était venu à Syracuse, non pour y faire du négoce, mais pour y prendre du repos ; et il manifestait son désir d'y acheter une maison de campagne, où il pût inviter ses amis sans craindre les importuns. Un certain Pythius, qui faisait la banque à Syracuse, ayant eu vent de ce projet, dit qu'il n'avait pas de propriété à vendre, mais qu'il mettrait volontiers la sienne à la disposition de Canius, pour qu'il en usât comme si elle était à lui, et, en même temps, il l'invita à dîner pour le lendemain. Notre homme ayant accepté, Pythius, qui, en sa qualité de banquier, était courtisé par toutes les corporations, car déjà l'argent était une puissance, fait venir chez lui des pêcheurs, leur demande de tendre leurs filets, le lendemain, devant ses jardins, et leur explique ce qu'il voulait qu'ils fissent.

Canius arrive au jour indiqué, trouve un festin somptueux, préparé par Pythius, et aperçoit une multitude de barques : chaque pêcheur venait apporter ce qu'il avait pris et les poissons étaient jetés aux pieds de Pythius. « Qu'est cela, Pythius? s'écrie » Canius ; que de poissons! que de barques! — Rien de sur- » prenant, répond le banquier, on prend ici tout le poisson » qu'on mange à Syracuse ; ces eaux, cette maison de cam- » pagne n'en peuvent manquer. »

Canius enchanté presse Pythius de lui vendre sa propriété ; celui-ci résiste d'abord ; mais, après de vives instances, il con- sent et le chevalier romain, en homme subjugué et riche, accorde le prix qu'il plaît à Pythius de fixer : il achète même la maison toute meublée. Il souscrit des billets et termine immédiatement cette excellente affaire. — Il n'a rien de plus pressé que d'inviter ses amis pour le lendemain et s'y rend lui-même de bon matin. — Ne voyant aucune barque, il demande au plus proche voisin s'il n'y aurait pas quelque fête, parmi les pêcheurs, qui les empêchât de venir. — « Aucune, que je » sache, répond le voisin, mais les pêcheurs n'ont pas coutume » de venir ici et j'étais fort surpris hier de ce qui se passait. » — Canius de se fâcher; mais que faire? Le tour était joué et « Aquillius, ajoute Cicéron, mon collègue et ami, n'avait pas » encore publié les formules *de Dolo malo*. » Or, à Rome, il fallait que le préteur donnât une *formule* pour intenter une action en justice.

Quoique le Code Napoléon contienne des dispositions contre la fraude, sans exiger une *formule* pour la poursuivre, nous conseillerons aux acquéreurs de bien prendre leurs renseignements, afin de n'avoir pas à soutenir même un bon procès et de se méfier des *poissons d'avril*, bien qu'aujourd'hui l'on s'y prenne autrement que du temps de Canius.

On nous a affirmé que, dans certaine voie publique récemment percée et construite, un bâtiment de luxe ayant été élevé, sans que le taux des loyers répondît à l'importance de la dépense, le constructeur n'avait trouvé des locataires, au prix qu'il demandait, qu'en leur donnant gratis et d'avance des quittances pour la première moitié de la durée de leur bail; que mettant ensuite en vente son immeuble, il avait produit au nouvel acquéreur des baux authentiques, pour constater le produit annuel de son bâtiment; mais, qu'à l'expiration de la première période de ces baux, les locataires avaient signifié congé au nouveau propriétaire et n'avaient ensuite consenti à conserver leurs appartements et magasins, qu'au véritable prix c'est-à-dire à la moitié du prix porté dans les baux authentiques; qu'ainsi l'acquéreur avait éprouvé une complète déception, sans pouvoir élever de réclamations admissibles, car les locataires, en signifiant congé, avaient usé d'un droit légal et

rien ne pouvait prouver la remise de moitié des loyers, faite
par le constructeur, sur des baux, dont le prix avait toute l'apparence de la réalité, puisque, depuis la vente, les locataires
n'avaient fait aucune difficulté de payer leurs loyers, tous les
trois mois, entre les mains de l'acquéreur, au taux stipulé dans
les baux, et tandis que la remise de moitié s'appliquait à une
époque de jouissance antérieure à son acquisition et qui ne le
regardait pas. La baisse de loyer, consentie par lui, était à ses
risques et périls et le vendeur n'en pouvait rester responsable.

Peut-être existait-il quelque moyen de déjouer une pareille
fraude ; mais il eût fallu intenter un procès difficile à gagner, et
le vendeur n'était pas solvable. — La conséquence, c'est qu'il
est indispensable de contrôler l'exactitude des prix, fussent-ils
fixés par des baux authentiques.

10ᵉ SUBDIVISION. — La Publicité.

1ᵉʳ Argument.— *Des affiches, annonces, notices, prospectus,*
réclames.

Ésope, affranchi, pour répondre à l'ordre de son maître, de lui
servir tout ce qu'il y avait de meilleur, apporta sur sa table des
langues qui furent trouvées excellentes: mais on se lasse de tout,
et, comme Ésope continuait à servir des langues, son maître
espérant pouvoir varier ses mets, demanda, qu'on lui donnât
ce qu'il y avait de pire, et Ésope continua de lui servir des
langues. — C'est qu'en effet la langue sert à dévoiler la vérité
ou à protéger la fraude ; elle dit tantôt le bien, tantôt le mal,
elle séduit les uns et dégoûte les autres, elle vous donne l'espé-
rance, qui est toute la vie, ou vous abandonne au décourage-
ment, espèce de mort anticipée : la langue est donc ce qu'il y a
de meilleur et ce qu'il y a de pire.

Depuis l'invention de l'imprimerie et du journalisme, la pa-
role est distancée, mais non réduite au silence ; la publicité a

pris des développements immenses et se produit, tantôt sous la forme de placards affichés, tantôt sous celle d'annonces dans les journaux, tantôt sous celle de prospectus et de circulaires, envoyés à domicile, ou distribués dans les rues, tantôt sous celle de brochures, d'affiches à la main et de notices distribuées, sans compter les imprimés de gros format, car la réclame sait adopter toutes les formes pour arriver à son but.

Examinons succinctement quelle influence peut avoir la publicité sur les placements immobiliers.

Avant tout, il est utile de rappeler les dispositions de l'article **1341** du Code Napoléon, ainsi conçu : « Il doit être passé acte » devant notaire, ou sous signature privée, de toutes choses » excédant la somme ou valeur de cent cinquante francs, même » pour dépôts volontaires ; et il n'est reçu aucune preuve par » témoins contre et outre le contenu aux actes, ni sur ce qui » serait allégué avoir été dit avant, lors, ou depuis les actes, » encore qu'il s'agisse d'une somme moindre de cent cin- » quante francs. »

Mais, si la preuve testimoniale ne détruit pas les engagements constatés par des actes, peut-on prétendre que les annonces, affiches, prospectus, rédigés, imprimés et distribués par le vendeur d'un immeuble, ne sont d'aucune valeur et ne peuvent pas servir à indiquer quelles ont été les conventions des parties, là où l'acte de vente garde le silence? Ce ne sont pas de simples preuves testimoniales, que le législateur n'a cru devoir admettre qu'avec une sage réserve : ce sont des écrits, émanés du vendeur, qui, aux termes de l'article 1602 du Code Napoléon, est tenu d'expliquer clairement ce à quoi il s'oblige. Ne pourait-on pas dire que la notice rédigée et publiée par lui, avant la vente, sert de complément à ses intentions, tout comme le cahier d'enchères sert de base à une vente d'im-meubles, pour une adjudication publique?

Dans les affaires commerciales, un prospectus ou *prix cou- rant*, peut devenir obligatoire contre celui qui l'a publié et cependant personne n'ignore qu'il n'est pas toujours possible de réprimer les écarts du charlatanisme. Entrez dans un restaurant qui fait distribuer des prospectus, à prix fixe et, si vous ne demandez aucun extra, le restaurateur ne pourra pas exiger un prix plus élevé que celui annoncé : la même chose aurait lieu dans un magasin où le prix fixe est marqué sur la marchandise; dans un établissement de transport, où les prix sont tarifés; chez un professeur qui affiche les prix de ses cours ou de ses leçons et chez un éditeur, qui annonce le prix d'un ouvrage publié par lui : et si l'ouvrage était publié par livraisons, le souscripteur pourrait exiger la délivrance de toutes les livraisons promises dans le prospectus, ou une indemnité équivalant au préjudice qu'il éprouverait de la non exécution des promesses du prospectus. Il en serait de même pour la souscription à une opération de banque, de commerce, ou de finance, ouverte sur la foi d'un simple prospectus.

Dans toutes les hypothèses que nous venons d'exposer, la présomption serait que les conditions, énoncées dans le prospectus, ont servi de base à la convention et celui qui contesterait cette présomption devrait fournir la preuve du contraire.

Or, nous ne voyons aucune différence entre le simple prospectus, qui ouvre une souscription quelconque et l'affiche, l'annonce, ou la notice que publie un vendeur, relativement à la propriété qu'il offre d'aliéner en écrivant ces mots en tête : *à vendre* telle propriété.

Pour que la vente soit parfaite, il faut que le vendeur et l'acquéreur soient d'accord sur la chose et sur le prix. N'est-il pas évident que l'annonce, l'affiche, la notice ou le prospectus a contribué, d'une façon certaine et incontestable, à déterminer cet accord, en éclairant l'acquéreur sur la nature et les qualités de la chose vendue? Ce qu'il a acheté, c'est la chose ainsi désignée, dans ce même document, telle qu'elle y est désignée, et non pas une autre. Dès lors cette notice fait partie intégrante de la convention.

Si le vendeur publie un plan, ou une photographie de la propriété mise en vente, nul ne contestera que ces images n'aient concouru à amener le consentement de l'acquéreur : or, la notice est une espèce de *plan parlé*, si nous osons nous exprimer ainsi, de même que le plan et la photographie sont un *prospectus dessiné*. Prendre dans ces documents, des renseignements sur l'étendue, la contenance, la désignation de la propriété, sur les circonstances particulières qui la concernent et, en un mot, sur toutes les choses, à l'égard desquelles le contrat de vente a gardé le silence et que son texte ne contredit pas, ne nous semble nullement contraire aux dispositions de l'article 1341 du Code Napoléon, car ici ce ne sont pas de simples paroles, qu'on invoque, ce sont des écrits émanés du vendeur même, et *publiés* par lui volontairement : ils ont donc bien plus de force que les registres et papiers domestiques, qui, d'après l'article 1331 du même Code, font foi contre celui qui les a écrits, bien qu'ils ne soient pas destinés à la publicité.

Au surplus, ces documents peuvent être consultés, non-seulement pour compléter et expliquer au besoin les stipulations trop laconiques du contrat de vente, mais encore pour faire connaître des circonstances qui, sans avoir la portée des conditions insérées au contrat, seraient de nature à apporter une grande lumière pour la solution de questions se rattachant à la vente. Ainsi, par exemple, nous avons vu qu'il pouvait être important de constater si le vendeur d'une part, et l'acquéreur d'autre part, savaient que la chose vendue appartenait à autrui ; ou bien encore, quant à la contenance, si l'on savait, ou si l'on ignorait l'étendue réelle et effective du fonds de terre. Il y aurait donc alors intérêt à consulter les notices, prospectus, affiches et annonces, où l'on pourrait trouver des éléments, de nature à fixer l'opinion sur ces questions.

2ᵉ Argument. — *Exemple d'une annonce-prospectus.*

Après avoir ainsi posé les principes théoriquement, nous allons donner un exemple d'annonce, notice, affiche, prospectus, et nous aurons le soin de conserver les mêmes données générales que dans les exemples précédents, afin de ne pas fatiguer l'attention du lecteur en créant sans cesse de nouvelles hypothèses, difficiles à retenir. Le voici :

« A vendre une des plus belles propriétés de *telle province,*
» connue sous le nom de château de L...., sise à Saint.....
» près T...

» Cette propriété se compose :

» D'une *magnifique* maison d'habitation, *rappelant le style*
» *Louis XV,* d'un bâtiment, dit pressoir, de bâtiments dits
» communs, d'un jardin anglais, avec *volière d'hiver et d'été,*
» de vignes, potager, *bois d'agrément, de caves dans le rocher,*
» capables de contenir *plus de* 2,000 *pièces,* de prés et d'une
» petite parcelle de terre à ensemencer, *le tout de la conte-*
» *nance de* cinq hectares *environ.*

» Le château, en *partie construit à neuf,* en 1858, sous les
» ordres *d'un des premiers architectes* de T..., pour être habité
» l'*hiver* et l'*été,* renferme *tout le confort d'une grande maison*
» *de ville. Les intérieurs sont riches,* les appartements de ré-
» ception *n'ont rien à envier aux plus belles résidences de* telle
» province ; *par son étendue, il peut loger trois familles.*

» Les communs sont vastes, ils renferment : logement de jar-
» dinier, chambres pour cocher et valet de chambre, *écurie pour*
» 5 *chevaux, remise pour* 4 *voitures,* etc., etc.

» Le jardin anglais, *parfaitement* dessiné, consiste en une
» *vaste pelouse,* avec lac *au milieu,* en de nombreuses cor-
» beilles, avec de très-belles serres *à multiplication,* en deux
» salles d'ombrage, etc., le tout desservi par de grandes allées.

» Les vignes donnent *le meilleur* vin de Saint.... et le cru de
» Saint... est le *meilleur de telle province.*

» *Le bois d'agrément* est sur une pente assez inclinée ; des
» *allées tortueuses* en font une promenade *des plus agréables* ;
» il se termine en bas par une terrasse *fort longue*, plantée de
» tilleuls, donnant sur la grande route. Il renferme un cabinet
» de lecture et des jeux.

» Cette propriété, plantée sur un coteau très-élevé, n'est
» éloignée de T.... que de 6 kilomètres, que l'on franchit en
» une demi-heure, sur une *route admirable*, qui se continue
» jusqu'au sommet.

» Elle domine toute la vallée qui est devant elle; de tel en-
» droit que l'on se trouve, *la vue, animée* par le chemin de fer,
» par la navigation de telle rivière et par cette *luxuriante na-*
» *ture, offre le tableau le plus magnifique qu'on puisse imaginer;*
» à droite et à gauche, *l'œil embrasse* une étendue de 48 kilo-
» mètres.

» *A ces agréments, auxquels participe* la rivière du C..., qui
» paraît faire partie de la propriété et dont elle arrose quelque-
» fois les prés, il faut ajouter les avantages suivants : le voisi-
» nage de la grande route, qui conduit à T..., la proximité de
» cette ville, la proximité du bourg de Saint... où se trouvent
» tous les fournisseurs, la société qu'on peut s'y procurer par
» bon nombre de familles de T..., qui viennent passer la
» belle saison.

» Cette propriété, quoique d'agrément, possède quelques
» revenus que voici :

» *Locations des caves*................. 410 f.
» 50 quintaux de foin............... 300
» 12 pièces de vin, défalcation faite des
» frais........................... 720
                                    —————
» Ensemble....... 1,430 f.

» Cette somme est nécessaire et *suffit à l'entretien des jar-*
» *dins,* dont l'arrosage est *des moins dispendieux* au moyen

» de bassins , bornes-fontaines établies partout et les fruits,
» les légumes, la basse-cour, la pêche, fournissent abondam-
» ment la maison. »

Tel est le style plus ou moins correct, plus ou moins poétique
qu'on emploie pour éblouir les gens superficiels et ceux qui ont
la candeur d'accorder toute confiance aux assertions et aux
promesses d'autrui : un aveugle, à qui on lirait une pareille
notice et qui ne pourrait pas en vérifier par lui-même l'exactitude, se laisserait prendre à cette belle description ; et celui
qui, sans être aveugle, n'a pas visité la propriété à vendre et
ne connaît pas le pays où elle est située, habitué qu'il est à lire
les annonces, si peu poétiques, faites journellement par les
notaires et les avoués, dans les journaux judiciaires, se trouve
absolument dans la même situation que ce malheureux aveugle
et ne peut voir que par les yeux d'autrui. Or, s'il est marié et
que sa femme aille visiter la propriété à vendre, aura-t-elle
d'assez bons yeux pour tout voir, tout apprécier par elle-
même? Ses conducteurs officieux auront-ils le soin de lui mon-
trer les points défectueux, de lui faire apercevoir les vices
apparents de la propriété et de lui déclarer les défauts cachés?
N'entendra-t-elle pas autour d'elle des exclamations plus ou
moins poétiques sur les charmes d'un pareil séjour? sur le bon-
heur qu'éprouveraient deux jeunes époux à passer la lune de
miel dans ce délicieux manoir? sur le prix élevé que le vendeur
en a maintes fois refusé? et autres discours plus ou moins
burlesques, destinés à vanter le mérite de la propriété. L'excen-
tricité de pareils discours ne prouvera pas le bon goût de ceux
qui les tiennent, mais le résultat désiré sera obtenu, car l'attention aura été détournée au moment convenable et l'on aura
passé, sans s'en apercevoir, devant une imperfection ou un
défaut qu'il fallait dissimuler.

Calomniez, calomniez, il en reste toujours quelque chose ; et
en sens inverse qu'on prodigue les éloges, les louanges, les
flatteries, malgré tout le soin que vous prendrez de vous mettre

en garde contre de telles exagérations, il finira par en rester quelque chose dans votre esprit.

Quand le tour est joué, les paroles s'envolent et les contrats restent; mais les prospectus restent aussi, afin de témoigner, par écrit, du degré de sincérité des annonces et des promesses faites par le vendeur et, en cas de difficultés, ils deviennent une pièce importante.

3ᵉ Argument. — *Réfutation du prospectus donné comme exemple.*

Vous nous annoncez un *château?* — Nous vous demanderons de nous en livrer un. Prenez garde que ce titre ambitieux exige une contenance correspondante à celle des autres châteaux et nous avons vu plus haut (7ᵉ subdivision, 3ᵉ classe, 4ᵉ argument) à quelles proportions ce titre vous oblige : on vous demandera un vaste domaine et vous ne pourrez pas le fournir;

Vous parlez d'une *magnifique* habitation? mais la magnificence exige une grande hauteur d'appartements et, si vous n'aviez que 3ᵐ 50 de hauteur d'étage, vous annonceriez un fait inexact;

Vous pa ez de *style Louis XV ?* Mais ce style était celui du bon goût et de l'élégance : voyez à quoi vous vous engagez ;

Vous parlez de *caves dans le rocher*, capables de contenir *plus* de 2,000 pièces? Donc vous avez vendu toutes les caves contenues dans le rocher, puisque votre prospectus n'en excepte aucune et c'était bien là le lieu de dire que trois d'entre elles ne vous appartenaient pas et ne feraient pas partie de la vente, et quant au vin qu'elles peuvent contenir, vous ne dites pas que vous ne vendez *seulement* que la quantité de *caves* nécessaire pour contenir strictement 2,000 pièces ; vous dites au contraire qu'elles sont capables d'en contenir PLUS de 2,000 ; on vous demandera une contenance supérieure à 2,000 pièces, *minimum* indiqué par vous ;

Vous dites que le tout est de la contenance de *cinq hectares* environ? et vos titres n'indiquent que 3 *hectares* environ. Pourquoi exagérer ainsi votre contenance, si ce n'est pour induire l'acquéreur en erreur? Mais on vous demandera les 5 hectares ou une diminution du prix ;

Pourquoi ne vous est-il pas venu à l'esprit de dire : 2 hectares environ, c'est-à-dire *moins* que vos titres ne l'indiquent, au lieu d'écrire : 5 hectares environ, c'est-à-dire *plus* que la contenance exprimée dans vos titres de propriété? Erreur pour erreur, n'eût-il pas été de meilleur goût de se tromper en moins que de se tromper en trop? Mais quel amateur aurait voulu n'acheter que 2 hectares environ, pour le prix que vous demandiez?

Vous dites que le *château a été en partie construit à neuf en* 1858? En êtes-vous bien sur? Nauriez-vous pas dû ajouter *en très-petite partie* si les communs étaient très-vieux et menaçaient ruine?

Vous dites que cette construction, en partie neuve, a eu lieu sous les ordres *d'un des premiers architectes de* T...? Mais un architecte ne construit rien sans dresser un plan et, comme son travail s'est étendu à toute la propriété il a dû dresser un plan du domaine entier : montrez-le et, si vous ne le montrez pas, vous avez donc un motif pour le cacher? du moins on le croira ;

Vous dites que le château renferme tout le *confort* d'une grande maison de ville? mais le fourneau de la cuisine et le calorifère du rez-de-chaussée marchent-ils bien? et s'ils ne marchaient pas, ce serait un singulier confort !

Vous dites que les *intérieurs sont riches*? Mais cela fait supposer des dorures? y en a-t-il ? et s'il n'y en avait pas, que vaudrait votre assertion?

Vous dites que les appartements de réception n'ont *rien à*

envier aux plus belles résidences de cette province? Mais pourquoi sont-ils si bas de plafond?

Vous dites que, par son étendue, il peut *loger trois familles*? Mais trois familles, de celles qui occupent les plus belles résidences du pays, supposent au moins douze maîtres, douze domestiques, douze chevaux! vingt-quatre habitants, s'ils étaient de simples paysans, auraient chacun dans le pays 1 hectare 23 ares 07 centiares de terrain, ce qui pour les vingt-quatre habitants donnerait plus de 29 hectares et, comme ce ne sont pas des paysans et qu'il leur en faut davantage qu'à des paysans, voyez combien votre domaine devrait contenir de terrain, pour trois familles au lieu des 5 hectares annoncés?

Vous dites que les communs renferment une *chambre* pour le *valet de chambre* : en êtes-vous bien sur? une écurie de 5 chevaux est évidemment trop petite pour trois familles.

Vous dites que le jardin anglais, parfaitement dessiné, consiste en une *vaste pelouse*, avec lac au milieu? Comment, dans 5 hectares, peut-il y avoir tant de choses? On dit : le lac de Genève, le lac de Lucerne, le lac Majeur, le lac de Thoun, le lac de Zurich, le lac de Brientz ; on dit même, à la rigueur, les lacs du bois de Boulogne; mais chacun d'eux a plus d'étendue que les 5 hectares de votre domaine. D'ailleurs le bois de Boulogne n'est pas à vendre, surtout à une personne qui ne le connaîtrait pas et, quand on dit les lacs du bois de Boulogne, on ne peut induire en erreur aucun acquéreur sur l'étendue de cette propriété. Dans le langage prosaïque, on dit *les bassins* des Tuileries, du Palais-Royal, de Versailles, la *pièce d'eau* des Suisses, mais jamais on n'avait dit les *lacs* du parc de Versailles.

Vous annoncez une serre à *multiplication*? Ne l'aurait-on pas employée à produire la contenance de 5 hectares, avec des titres indiquant 3 hectares seulement, par une irréligieuse imitation du divin miracle de la multiplication des pains?

Nous nous arrêtons, car on ne tarirait pas, si l'on voulait

faire remarquer toutes les choses surprenantes contenues dans votre prospectus : il suffit de le lire pour s'en convaincre.

Mais on ne se borne pas à distribuer un simple prospectus : on a recours à la photographie, qui ordinairement réussit bien mieux à faire le portrait des bâtiments que celui des hommes et surtout des femmes.

Toutefois la photographie dit trop crûment la vérité : avec elle les défauts s'aperçoivent trop facilement et adieu la poésie. Mais on ne s'inquiète pas pour si peu : on prend une seule épreuve photographique sur nature : entre les mains d'un dessinateur intelligent, cette épreuve est bien vite modifiée, défigurée, embellie; on supprime les défauts, on ajoute des qualités, et, quand on a obtenu ce qu'on désire, on photographie l'épreuve retouchée et l'on obtient alors des épreuves de convention, qu'on présente comme la réalité! Ne faut-il pas avoir une vocation toute spéciale de falsification, pour falsifier même une photographie, qui devrait être, par excellence, l'image de la vérité?

11ᵉ SUBDIVISION.— Concours d'une femme mariée, dans une aliénation d'immeuble.

Les conséquence du concours d'une femme mariée à un acte de vente immobilière, ne sont pas les mêmes, suivant qu'il s'agit pour elle d'une vente, ou d'une acquisition. En effet, si l'immeuble est un propre de la femme, le mari ne peut pas *l'aliéner* sans son concours : il faudra donc que ce concours soit régulier et conforme aux dispositions de la loi, relatives au contrat de mariage, que nous n'avons pas la prétention de reproduire ici. Mais, si l'immeuble n'est pas un propre de la femme et qu'il soit ou un propre du mari, ou un propre de la communauté, le mari peut alors le vendre seul, et le concours de la femme, qu'il existe ou non, reste sans influence, quant à la régularité du contrat. Nous ne nous appesantirons donc pas davantage sur cette première hypothèse.

Au contraire, s'il s'agit d'*acquérir* un immeuble, alors le concours et l'action de la femme mariée peuvent avoir un autre genre d'importance qui, bien que d'une apparence secondaire, peut devenir l'objet principal de la convention et ceci mérite quelques explications accessoires.

Supposer qu'une femme mariée désire acheter des bijoux, des dentelles, des cachemires, n'est pas une chose tellement improbable qu'on n'en ait jamais rencontré des exemples. Admettons que le mari lui a laissé entièrement le choix des parures, des pierreries, des montures ; du point des dentelles, de la couleur, du dessin et de la forme des tissus, pourvu que l'ensemble ne dépasse pas les limites d'un certain chiffre pour lequel un crédit est ouvert au budget du ménage : Pour un pareil mandat, il n'est pas d'usage de dresser un acte authentique. Le marché est vite conclu, car, nous le supposons, la femme a hâte de satisfaire un désir, une fantaisie, que le mari n'a pas voulu, n'a pas dû, n'a pas pu lui refuser. Les marchandises sont aussitôt livrées et la *carte à payer* ne se fait pas attendre. Supposons ici que la femme mariée ne se connaissait ni en bijouterie, ni en dentelles, ni en cachemire, ou bien que, s'y connaissant, elle a examiné superficiellement les questions fondamentales, pour ne faire porter son choix que sur l'apparence extérieure, et que les marchands, voyant à qui ils avaient affaire, aient profité de la facilité de la femme à écouter leurs interminables discours (ce qu'on appelle *faire l'article*, en langage poli), et que le mari, au moment de payer les factures, ait eu la fantaisie d'examiner les objets livrés et acceptés et de les faire voir par des fournisseurs consciencieux et des appréciateurs sérieux et instruits. Les marchands pourront-ils prétendre que le mandat verbal donné par le mari pour acheter ces parures, allait jusqu'à dispenser la femme d'examiner sérieusement la marchandise et, si elle ne possédait pas elle-

même les connaissances spéciales nécessaires pour les apprécier, à la dispenser de se faire assister de fournisseurs
consciencieux et d'appréciateurs instruits ? Nous ne le pensons
pas et, malgré le marché conclu et la livraison faite et acceptée,
nous croyons que le mari aurait certainement le droit de faire
restituer sa femme, assimilée à un mineur pendant le mariage,
contre des erreurs de fait sérieuses; par exemple, si au lieu de
brillants, on n'avait livré que des roses ou des pierres ayant
des défauts; si les dentelles n'étaient que de l'imitation, ou bien
si le métrage n'était pas pareil à celui porté sur la facture ; si
les cachemires étaient vieux, reprisés, ou reteints, au lieu
d'être neufs , etc., etc. Certainement le mari, en faisant un
sacrifice d'argent, pour être agréable à sa femme, n'avait pas pu
lui donner le pouvoir d'être victime d'erreurs de cette nature;
et, si les marchands de bijoux, de dentelles, de cachemires
avaient comme c'est l'usage, envoyé d'avance des prospectus,
ou des circulaires pour engager la femme à aller chez eux faire
ses achats, il est bien évident que les promesses, portées sur
ces annonces, seraient une raison de plus pour tenir à l'exactitude de la fourniture, et que le mari aurait parfaitement le droit
d'exiger qu'on livrât des marchandises de bonne et loyale qualité,
ou, si cela était impossible d'exiger, une réduction proportionnelle sur le prix de la vente. Il suffirait de parcourir la collection
de la *Gazette des Tribunaux*, pour trouver des exemples de
pareilles réclamations, favorablement accueillies par les juges.

1ᵉʳ Argument. — *Visite faite à la propriété mise en vente.*

Appliquons les mêmes principes à l'acquisition d'un immeuble et supposons que le mari, ayant donné à sa femme l'autorisation verbale de choisir, pour son habitation personnelle,
une propriété rurale, elle ait été en visiter plusieurs et ait fait
choix de l'une d'elles, tout comme dans l'hypothèse précédente,
elle aurait fait choix de bijoux, de dentelles et de cachemires,

avec l'autorisation du mari ; qu'elle lui rapporte la *notice* ou *prospectus*, et la *photographie* mentionnés plus haut (toujours pour rester dans les mêmes exemples), et que, sur l'examen de ces documents et sans avoir visité par lui-même les fonds de terre et les bâtiments, sans même jamais avoir été dans le pays où ils sont situés, il achète, en son propre nom, la propriété choisie par sa femme et signe tout seul le contrat. S'il est marié en communauté, l'acquisition devient un acquêt de communauté, bien qu'il l'ait faite en son nom personnel, car pour s'mplifier la question, nous écartons à dessein les hypothèses de remploi, ou de rachat de copropriétés indivises, qui pourraient créer des propres à l'un ou à l'autre des époux.

Dans cette situation, le vendeur serait-il admis à repousser les réclamations du mari, acquéreur, fondées sur les causes, énoncées précédemment, de défaut de contenance et de non livraison de trois caves existant sous le petit bois, en prétendant, par exemple, « qu'à l'égard de la différence dans la con- » tenance, cette différence est sans importance réelle ? qu'en » effet, la valeur de l'immeuble consiste non dans son étendue, » mais dans l'ensemble de la propriété, avec ses bâtiments » d'habitation, nouvellement construits, son appropriation, sa » vue magnifique et sa position exceptionnelle ; que la propriété » est close de murs et de haies ; *qu'elle a été visitée et ap-* » *préciée par les acquéreurs et qu'elle leur est livrée telle* » *qu'elle leur a été présentée, lors de leur visite ?* que ce grief » n'est pas plus fondé que celui relatif aux caves et aux pré- » tendues irrégularités dans l'établissement de la propriété ? »

Nous commencerons par répondre à l'objection tirée de la *visite* de la propriété, parce qu'elle rentre tout à fait, dans la question spéciale, que nous venons de poser et nous examinerons ensuite les autres objections séparément.

Dans l'hypothèse, que nous avons formulée, l'objection manquerait d'exactitude, car, en fait, il ne serait pas vrai que le mari, véritable acquéreur figurant seul au contrat, ait *visité* et *apprécié* la propriété vendue : il ne serait donc pas vrai non plus que cette propriété lui ait été *livrée telle qu'elle lui avait été présentée, lors de sa visite*, puisque cette visite, de sa part, n'aurait jamais eu lieu.

Cette situation pourrait-elle s'aggraver contre lui, parce qu'il est marié en communauté? En aucune façon. A la dissolution de la communauté, cette propriété si, elle en dépendait encore, serait licitée, ou partagée, ou attribuée au survivant, ou à la succession du prédécédé. Si le mari survivait et restait propriétaire de l'immeuble, il serait réputé en avoir toujours été seul propriétaire, dès le premier jour, et l'objection tomberait d'elle-même, comme sans fondement. Si au contraire la femme survivait et devenait seule propriétaire de l'immeuble c'est elle qui, à son tour, serait réputée en avoir été toujours et dès le premier jour, seule propriétaire, mais, comme d'un immeuble acquis en minorité (car la femme mariée est assimilée au mineur, pendant le mariage) et elle aurait droit d'être restituée contre toutes les erreurs qui la rendraient victime d'une opération semblable : son mari, comme chef de la communauté et maître de ses droits et actions serait naturellement responsable des erreurs qu'il laisserait commettre à sa femme et il aurait le droit de s'en faire restituer de son chef. A plus forte raison si, au lieu d'une simple erreur, il y avait eu dol.

Mais, sans nous égarer dans des questions aussi ardues, revenons à celles du mandat donné par le mari à la femme. — Qui s'appuie sur ce mandat? — C'est le vendeur. Ce serait donc à lui d'en fournir la preuve, et il ne le pourrait jamais, puisqu'il n'y aurait jamais eu de mandat pareil. Le mari aurait autorisé sa femme à aller choisir une propriété, comme il l'aurait autorisée à choisir un cachemire et voilà tout. Sa femme aurait préféré, parmi d'autres, celle en question et voilà tout. — Quant à l'acquisition, c'est le mari seul qui l'aurait faite, sans avoir visité la propriété, mais sur l'examen de deux pièces: une notice et une photographie, et voilà tout. — Pourquoi aurait-il préféré cette propriété parmi d'autres que sa femme avait vues? — Par sentiment de courtoisie et d'affection, parce que sa femme la préférait aux autres; mais il ne s'ensuivrait pas qu'il dût supporter, sans réclamations, le défaut de contenance, le défaut de droit de propriété et les autres vices de cet immeuble. L'affection et la courtoisie ne vont pas jusque-là.

Sans établir ici une théorie sur le mandat, nous pouvons simplement rappeler que c'est un contrat qui impose des obligations réciproques au mandant et au mandataire. Ce dernier est responsable des fautes qu'il commet dans sa gestion (art. 1992, Code Napoléon). Or, entre mari et femme, il sera ordinairement bien difficile, nous dirons même impossible, d'exercer une garantie quelconque, et il faut admettre que le mari, qui ne l'ignore pas, n'aura pas étendu outre mesure les limites du mandat qu'il a pu donner à sa femme. Si un tiers argue d'un pareil mandat, il devra donc en prouver l'existence et en préciser l'étendue, par la production de la procuration écrite et, jusqu'à preuve du contraire, la présomption sera que le mari n'a autorisé sa femme qu'à faire des choses raisonnables et dans les limites de simples actes d'administration.

L'objection tirée de la visite de l'immeuble, nous paraît donc, sous tous les rapports, complétement inadmissible.

2ᵉ Argument. — *La différence de mesure serait
sans importance.*

Examinons maintenant les autres assertions du vendeur :
1° « La différence de *contenance*, dites-vous, est sans impor-
» tance réelle; la valeur de l'immeuble consistant, non dans
» son étendue, mais dans l'ensemble de la propriété, avec ses
» bâtiments d'habitation, nouvellement construits, son appro-
» priation, sa *vue magnifique* et sa *position exceptionnelle*. »
Mais, plus la contenance sera grande, plus j'aurai de place

d'où je pourrai jouir de cette *vue magnifique* et de cette *position exceptionnelle*. Si j'avais un hectare de plus, je pourrais le vendre à un ou à deux acquéreurs qui y construiraient des bâtiments, afin d'y jouir aussi de cette même *vue magnifique* et de cette même *position exceptionnelle*. Vous voyez donc que, en me servant de vos propres arguments, je vous prouve que le défaut de contenance me nuira d'autant plus que la vue sera *plus magnifique* et la position *plus exceptionnelle* ; et si nous supposons une revente, un emprunt hypothécaire, une expropriation forcée, pour cause d'utilité publique, afin de faire exécuter un chemin, de construire un pont, un fort, etc., c'est alors que la question de contenance aura une importance très-grande, auprès des acquéreurs, des prêteurs ou du jury d'expropriation.

Sur la question de l'*ensemble de la propriété*, nous avons démontré que les cinq hectares étant déjà disproportionnés avec l'étendue des bâtiments, toute parcelle de moins que cette contenance leur nuirait et les déprécierait considérablement. Au surplus, l'objection en elle même contiendrait une inexactitude matérielle, puisque ces bâtiments, au lieu d'être *nouvellement construits*, ne seraient que nouvellement *restaurés en partie* et que leur construction primitive daterait de plus d'un demi-siècle. C'est là une grande différence.

2° La propriété, dites-vous, est close de murs et de haies.

Il faudrait, avant tout, examiner si la propriété forme réellement un seul tenant, si elle n'est pas coupée, en plusieurs parties, par des routes et des chemins ; si véritablement elle est entièrement close de murs et de haies et s'il n'y aurait pas certaines limites indiquées uniquement par des *fossés*, des *talus*, etc. Toutes ces circonstances particulières, à constater en fait, viendraient singulièrement modifier l'argument que l'on prétend tirer de la clôture.

Mais, à supposer que la propriété fût entièrement *close de murs et de haies*, quelle conséquence sérieuse pourrait-on en tirer? — C'est qu'elle formerait *un corps certain et limité?* — Eh bien ! c'est justement là l'espèce prévue par le second alinéa de l'article 1619 du Code Napoléon, qui autorise l'action en diminution de prix, lorsque la différence est d'un vingtième en moins, relativement à un corps certain et limité.

3° Le grief relatif aux caves a déjà été longuement traité plus haut (8ᵉ subdivision, 7ᵉ classe) et nous n'y reviendrons plus.

4° Quant aux irrégularités dans l'établissement de propriété, la spécialité de cet ouvrage ne permet pas d'entrer dans de pareils détails, qui sont de la compétence des notaires et des avoués, et en cas de dissentiment, de celle des tribunaux.

On voit que toutes les objections du vendeur seraient faciles à réfuter et puisque nous avons abordé un sujet aussi grave que celui du concours d'une femme mariée, on nous permettra de terminer la présente subdivision par quelques considérations générales sur cette importante question.

3ᵉ Argument. — *L'émancipation de la femme.*

Depuis la promulgation du Code Napoléon, des modifications considérables ont eu lieu dans nos lois et dans nos mœurs. D'une part le lien du mariage s'est fortifié par la loi de 1816, qui a aboli le divorce, dont il était déjà si difficile d'obtenir la prononciation avant cette loi, et, d'autre part, chacune des révolutions que nous avons subies a amené de nouvelles prétentions tendant à relâcher l'autorité maritale. Sans parler de la secte des Mormons, ni de celle des Saints-Simoniens, qui se sont révélées depuis le Code Napoléon, chacun se rappelle ces corps délibérants en jupons, où l'on proclamait la femme libre, ces dignes assemblées qui, sous les noms les plus bizarres, rivalisaient, d'audace et d'absurdité, avec les réunions du Luxembourg, présidées par Louis Blanc ! Certes, les femmes bien élevées n'ont point partagé ces idées volcaniques et ne se sont pas affiliées au club des *Vésuviennes*, mais il n'en est pas moins vrai que les maximes ainsi professées ont eu beaucoup de retentissement : les journaux en ont rendu compte et des auteurs n'ont pas craint, pour exploiter cette mine nouvelle, de soutenir certains principes subversitifs des bases constitutives de la société.

Ils espéraient qu'en flattant ainsi les prétentions des femmes, ils s'assureraient, pour lectrices approbatrices, la plus belle et la plus influente moitié du genre humain et pour lecteurs désapprobateurs, mais lecteurs payants néanmoins, l'autre moitié, la moins belle, mais celle qui tient les cordons de la bourse : il y avait donc tout bénéfice à traiter un pareil sujet, et l'on ne s'en est pas privé.

Nous nous empressons de reconnaître qu'aucune femme mariée n'a jamais eu même la pensée de chercher à profiter des idées subversives, ainsi produites au jour, pour peser sur la volonté de son mari et pour mettre en question le pouvoir que la loi lui accorde; qu'au contraire toutes ont formé les vœux les plus ardents pour que ce pouvoir fût fortifié et résistât à toutes les attaques : aussi n'est-ce pas contre les femmes mariées que nos méfiances sont dirigées, mais contre ceux qui voudraient exploiter à leur profit les principes de *la femme libre*.

Est-ce le moment de faire cause commune avec eux et de proclamer, au bénéfice de certains spéculateurs, intéressés à la question, l'*émancipation* de la femme et des enfants, en laissant au mari, comme par le passé, toute la responsabilité ? Ne faudrait-il pas, au contraire, constituer plus fortement la famille, base fondamentale de la société ? Est-il à désirer de multiplier les cas de célibat, en rendant de plus en plus difficile la position du mari, contre qui chacun se fait un devoir de diriger des attaques, et que l'on représente parfois comme le tyran de la famille à l'exemple du propriétaire, que certains locataires considèrent comme leur ennemi déclaré ? — La société n'est pas uniquement composée de vendeurs, qui espèrent avoir bon marché de l'inexpérience, ou du caractère naturellement plus frivole des femmes.

Comme il est difficile de concevoir le mariage sans mari, la famille sans père et les maisons d'habitation sans propriétaire, il n'est pas douteux que les tribunaux ne voudraient pas rendre ces existences impossibles et feraient respecter leur autorité, si l'on cherchait à la mettre en question, pour servir des intérêts non avouables. Comme application de ce principe , ils n'attribueraient pas au concours de la femme mariée, dans une acquisition d'immeubles, d'autres effets que celui d'un acte de déférence et de courtoisie du mari, pour choisir une propriété parmi d'autres; car cette propriété doit servir d'habitation commune, et comme c'est le rôle de la femme de rester davantage au logis, pendant que le mari s'occupe plus particulièrement au dehors des affaires sérieuses, il est juste, naturel, légitime que le mari consulte sa femme sur un choix à faire entre plusieurs propriétés et qu'il se guide sur la préférence que sa femme accordera à l'une d'elles plutôt qu'aux autres. Mais, ce choix une fois accompli dans une délibération intime, à laquelle le vendeur reste étranger, le mari reprend tous ses droits et tous ses devoirs d'administrateur de la communauté, et à moins qu'on ne justifie d'une procuration écrite et régulière, qu'il aurait donnée à sa femme, pour conclure sans lui le contrat et signer l'acte en son nom, le vendeur ne pourrait faire intervenir le nom de la femme mariée et arguer de son concours pour un acte qui rentre entièrement dans les attributions du mari. La visite de l'immeuble, que la femme a pu faire, n'a eu pour but que de fixer son choix personnel et ne saurait être comparée à une visite sérieuse du mari où il est même d'usage de se faire assister d'un architecte, meilleur appréciateur de la valeur des immeubles. Jamais on ne fera croire aux magistrats que la promenade d'une femme mariée, dans une propriété mise en vente, puisse être assimilée à une vacation d'architecte ou à une visite d'experts.

XIIᵉ SUBDIVISION. — Résumé.

Les plus grandes fortunes de France étant concentrées dans la Capitale, beaucoup de Parisiens ont l'occasion d'acheter des propriétés rurales, et l'annexion de la banlieue ayant renfermé dans ses murs un assez grand nombre de biens-fonds, qui participent bien plus de la condition des immeubles ruraux que de celle de simples terrains propres à bâtir, nous avons cru pouvoir donner quelques développements aux circonstances que l'on rencontre souvent, quand on veut acquérir un château, une terre ou une maison de campagne. Nous n'avons pas la prétention d'avoir prévu toutes les hypothèses : nous nous sommes borné à donner quelques exemples, qui pourront indiquer comment il faut s'y prendre pour déjouer, dans d'autres circonstances, certaines combinaisons préjudiciables à l'acquéreur parisien, qui a une réputation de confiance exagérée, trop souvent bien méritée. Le sujet nous a parfois entraîné en dehors des conditions *intrinsèques* où la 2ᵉ section devrait se renfermer : mais il était difficile de ne pas parler aussi de quelques conditions *extrinsèques*, intimement liées aux premières.

3ᵉ SECTION. — Observations communes aux deux premières Sections.

Les conditions avantageuses ou nuisibles, énumérées dans les deux sections précédentes, ne sont pas les seules permanentes qui puissent agir sur le prix des terrains : aussi la liste que nous en avons donnée est-elle *énonciative* et *non limitative*.

Pareillement, dans l'estimation formulée en rapports de *tant pour cent*, plusieurs de ces mêmes conditions peuvent donner lieu à des *plus-values* supérieures ou à des *moins-values* inférieures aux chiffres cotés par nous, et il est bien entendu qu'il appartient aux hommes compétents de déterminer, d'une manière rigoureuse, ces *plus-values* ou *moins-values*, soit en prenant des chiffres *supérieurs* à nos *maxima*, ou *inférieurs* à nos *minima*, soit en choisissant nos *propres limites*, soit enfin en adoptant des *rapports intermédiaires*, le tout en raison des *circonstances de fait* pour chaque cas particulier et suivant le degré de gravité de chaque cause motivant une surélévation ou une dépréciation. Nous n'avons entendu estimer, en général, que les *conditions ordinaires*, n'apprécier que *ce qui arrive le plus souvent*, et ne donner que des *termes moyens* ou des *exemples* d'évaluation : les *circonstances exceptionnelles* doivent naturellement apporter des modifications en plus ou en moins, laissées entièrement à la discussion des personnes qui peuvent avoir intérêt à contester nos appréciations et, en tout cas, au jugement des hommes compétents ; c'est pour faciliter cet examen que se trouvent longuement expliqués les motifs sur lesquels nous croyons devoir nous appuyer.

Nous tiendrons note d'ailleurs des observations qui nous seraient comuniquées, afin d'améliorer et de compléter notre nouveau système d'évaluation et nous serons heureux que du choc des opinions jaillisse la lumière pour éclairer les *acquéreurs* et les *vendeurs*, et pour arriver à concilier leurs intérêts contraires et leurs prétentions opposées, car il n'y a de vente et elle n'est parfaite que lorsque le vendeur et l'acquéreur sont *d'accord* sur la *chose* et sur le *prix*.

FIN DU CHAPITRE XI.

TABLE

FIN DE LA TABLE.

Paris — Typ. Morris et Ce, rue Amelot, 64.

www.ingramcontent.com/pod-product-compliance
Lightning Source LLC
LaVergne TN
LVHW021745170726
843503LV00004B/1744